汇率波动对中国出入境旅游的影响

王良举　著

U0808228

科学出版社
北京

内 容 简 介

本书基于国际经济学、计量经济学和旅游学等理论与方法，从中国出入境旅游演化特征出发，考察人民币汇率波动对中国出入境旅游的长期影响，并从双边旅游流对双边汇率波动的反应角度分析中国出入境旅游的人民币汇率弹性，为评估中国出入境旅游发展过程中的汇率冲击奠定基础。

本书结构严谨、内容丰富，可供旅游领域研究人员、高校相关专业师生、政府相关部门人员及旅游从业人员参考。

图书在版编目（CIP）数据

汇率波动对中国出入境旅游的影响 / 王良举著. —北京：科学出版社，2018.8

ISBN 978-7-03-057620-0

Ⅰ. ①汇… Ⅱ. ①王… Ⅲ. ①人民币汇率–汇率波动–影响–国际旅游–研究–中国 Ⅳ. ①F592.3

中国版本图书馆 CIP 数据核字（2018）第 119728 号

责任编辑：李晓娟 / 责任校对：彭 涛

责任印制：张 伟 / 封面设计：铭轩堂

科 学 出 版 社 出版

北京东黄城根北街 16 号

邮政编码：100717

http://www.sciencep.com

北京凌奇印刷有限责任公司 印刷

科学出版社发行 各地新华书店经销

*

2018 年 8 月第 一 版 开本：720×1000 B5

2019 年 3 月第二次印刷 印张：8 1/4

字数：180 000

定价：108.00 元

（如有印装质量问题，我社负责调换）

前　言

我对中国出入境旅游的研究始于我在安徽财经大学王文举教授指导下撰写的本科毕业论文，此后，我持续关注与该主题相关的理论与实践，陆续在国内外期刊发表5篇相关主题的论文。2014年9月，我进入中国旅游研究院开始博士后研究工作，响应戴斌院长就如何成长为战略型学者对博士后提出的要求，坚持既跟踪理论前沿又贴近产业实践的研究取向，选择“旅游统计与经济分析”作为博士后研究工作的主要方向。在中国旅游研究院院长戴斌教授和中国旅游研究院唐晓云研究员（现任中国旅游研究院总统计师）的启发与鼓励下，最终确定将“汇率波动对中国出入境旅游的影响”作为博士后研究课题。

2015年1月，作为主要研究人员，我参与并完成北京市旅游发展委员会委托项目“北京旅游经济监测与预警”研究工作，撰写专题报告《人民币汇率变动对北京入境旅游的影响分析》。2015年3月，作为主要研究人员撰写《人民币汇率变动对中国出入境旅游影响的实证研究与政策建议》（中国旅游研究院落实“515战略”系列研究报告）。2015年5月，我申报的项目“人民币汇率变动对中国国际旅游的作用机理及效应研究”获得第57批中国博士后科学基金面上资助（资助编号：2015M571163）。2015年6月，我作为主要研究人员承担“释放大众旅游需求、助推国民经济增长——2015年上半年旅游经济运行分析和下半年趋势预测”（中国旅游研究院2015年第12期《旅游内参》）的研究工作。2016年3月，我参与完成“中国（大陆）居民出境旅游花费抽样调查方案”编制工作。2017年1月，我作为主要研究人员撰写《人民币汇率变动对中国入出境旅游市场的影响》，并作为研究专报上报国家旅游局，该项工作于2017年1月9日受到中国旅游研究院通报表扬。以上工作为开展“汇率波动对中国出入境旅游的影响”研究积累了丰富的素材，奠定了坚实的基础。

2017 年 8 月，我的博士后出站报告《人民币汇率波动对中国国际旅游的作用机理及效应研究》通过专家组评审。根据专家组提出的修改意见，我对该报告进行了进一步修改与完善，这最终促成了本书的撰写与出版。

本书构建汇率传导路径模型，探讨汇率波动通过价格传导和心理预期传导影响国际旅游发展的内在机理，采用时间序列数据分析方法和面板数据分析方法检验人民币汇率变动对中国出入境旅游的影响。

本书是在戴斌教授和唐晓云研究员的指导下完成的，书中部分观点吸纳了中国旅游研究院多位研究人员的思想。戴斌院长对中国旅游研究院博士后研究人员寄予的殷切期望为我完成本书撰写工作提供了不竭的动力。

本书是中国旅游研究院“旅游统计与数据分析”研究团队关于汇率波动对出入境旅游影响研究的阶段性成果，后续将会持续跟踪并深入研究中国出入境旅游发展新阶段的汇率波动对中国出入境旅游发展的效应。

王良举

2018 年 5 月 1 日

目　录

第一章 绪　论

第一节 研究背景

2005 年 7 月 21 日，中国开始实行“以市场供求为基础、参考一篮子货币进行调节、有管理的浮动汇率制度”（简称 2005 年“7·21”汇改）。人民币汇率不再盯住单一美元，人民币汇率的灵活性逐渐提高。2015 年 8 月 11 日，中国人民银行宣布，自即日起实施人民币汇率中间价报价新机制（简称 2015 年“8·11”汇改），使人民币汇率形成机制再一次发生重大变化。从 2005 年“7·21”汇改至 2015 年“8·11”汇改，伴随人民币实际有效汇率[①]大幅升值（人民币实际有效汇率累计升值 56.87%），中国出入境旅游结构也发生了根本性变化。中国出入境旅游人数差距（入境旅游人数-出境旅游人数）在 2007 年达到最大值之后开始快速缩小。2015 年“8·11”汇改以来，随着人民币实际有效汇率小幅贬值，中国入境旅游保持了平稳增长趋势，而中国出境旅游增速出现了较大幅度放缓。

具体来看，2005 年“7·21”汇改以来，中国入境旅游呈现“快速发展—停滞不前—恢复性增长”的发展态势。2005 年，中国入境旅游人数达 1.2 亿人次，同比增长 10.32%。2008 年全球金融危机以来至 2014 年，中国入境旅游发展基本停滞。直到 2015 年，中国入境旅游再次实现正增长，全年接待入境旅游人数 1.34 亿人次，同比增长 4.14%。2016 年，中国入境旅游总体保持平稳增长，全年接待入境旅游人数增长 3.45%。

①实际有效汇率（real effective exchange rate，REER）是剔除通货膨胀对各国货币购买力的影响，一国货币与所有贸易伙伴国货币双边名义汇率的加权平均数。实际有效汇率指数上升，代表本国货币相对价值上升（即本币升值）。本书中人民币实际有效汇率数据来源于国际清算银行（Bank for International Settlements, BIS）。

而同期，中国出境旅游呈现“加速增长—增幅放缓”的发展态势。2005年，中国出境旅游人数达 3102.03 万人次，同比增长 7.54%；而 2015 年，中国出境旅游人数已达 12 786 万人次，同比增长 9.66%。2005～2015 年，中国出境旅游人数年均增长 13.74%。其中，2011 年增幅最高，达到 22.42%。2016 年以来，中国出境旅游增幅放缓至 5.69%（图 1-1）。

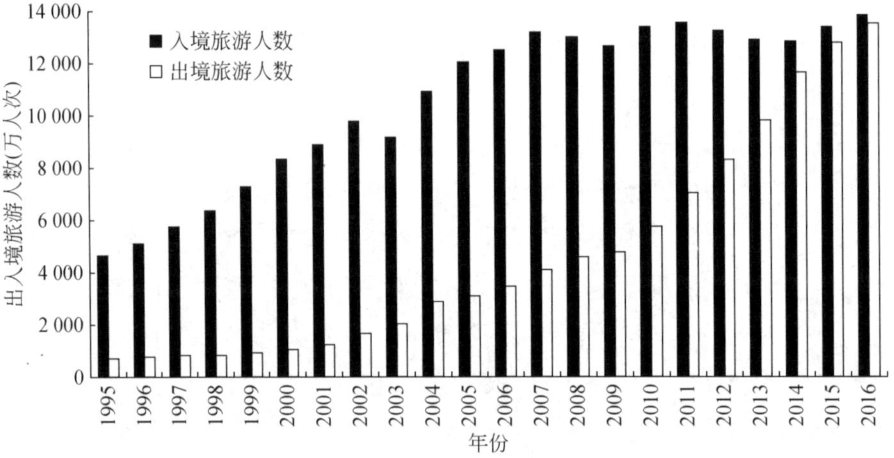

图 1-1　1995～2016 年中国出入境旅游人数[①]

国际旅游流的决定因素一直是旅游需求相关理论研究及实证分析关注的重要议题（Crouch，1994；Lim，1997；Prideaux，2005；Song and Li，2008）。Uysal 和 Crompton（1984）基于土耳其入境旅游数据研究发现，客源国人均收入、相对价格均对土耳其入境旅游具有重要影响。Martin 和 Witt（1988）的研究结果表明，替代价格是决定国际旅游的重要因素。Lee 等（1996）基于韩国入境旅游数据研究发现，客源国人均收入、相对价格对赴韩国游客人均花费具有显著影响。Eilat 和 Einav（2004）研究发现，政治风险对国际旅游发展具有至关重要的影响，共同边界、共同语言和地理距离同样是决定国际旅游流的重

① 本书有关中国出入境旅游数量数据来源说明如下：1995～2015 年中国接待入境旅游人数数据来源于历年《中国旅游统计年鉴》，2016 年中国接待入境旅游人数数据来源于《中华人民共和国 2016 年国民经济和社会发展统计公报》；1995～2013 年中国出境旅游人数数据来源于历年《中国旅游统计年鉴》，2014～2016 年中国出境旅游人数数据来源于《中华人民共和国 2014～2016 年国民经济和社会发展统计公报》。下同。

要因素，而价格仅对发达国家国际旅游发展具有显著影响。Eryiğit 等（2010）研究发现人均国内生产总值、旅游气候指数、客源国人口规模、旅游价格指数及客源国与土耳其的距离等变量对土耳其入境旅游人数具有显著影响的证据。此外，经济与货币联盟（Gil-Pareja et al.，2007a）、经济金融危机（Song et al.，2009）、重大事件（Fourie and Santana-Gallego，2011）、文化亲和性（Fourie and Santana-Gallego，2013）、文化距离（Ahn and McKercher，2015）及宗教联系（Fourie et al.，2016）等诸多因素对国际旅游的影响也受到关注。

与国内生产总值或收入水平、价格水平与交通成本等其他经济变量一样，汇率也是旅游需求模型中重要的解释变量之一（Webber，2001；Dritsakis，2004a；de Vita，2014；Martins et al.，2017）。国际旅游者对价格极其敏感（Crouch，1992），汇率是国际旅游者目的地选择的重要决定因素（Webber，2001；Dritsakis，2004a；Schiff and Becken，2011）。由汇率波动带来的一国旅游价格竞争力的变化是影响此国在国际旅游市场所占份额的关键因素（Dwyer et al.，2000）。由于相关文献的研究对象、样本期间、建模方法和数据频率等存在较大差异，关于汇率波动对国际旅游流的影响方向及影响程度并未形成一致结论，但绝大多数研究表明，汇率是国际旅游流的重要决定因素之一（Lee et al.，1996；Webber，2001；Eilat and Einav，2004；Santana-Gallego et al.，2010；Martins et al.，2017）。

1994 年以来，伴随人民币汇率形成机制改革的逐步深入及中国国民经济的持续稳定发展，人民币实际有效汇率总体保持增长态势。尤其是 2005 年“7·21”汇改以来，人民币实际有效汇率快速大幅升值。那么，人民币汇率发生的显著变动是否也对中国出入境旅游产生了实质性的影响？如果是，其影响方向是怎样的？其影响程度如何？本书试图从理论与实证两个方面回答上述问题。研究人民币汇率波动对中国出入境旅游的作用机理与效应，有助于政府旅游管理部门采取针对性的干预措施熨平汇率波动造成的冲击，实现中国出入境旅游健康有序发展。

第二节　人民币汇率与中国出入境旅游发展变动趋势

一、人民币汇率波动趋势描述

为了全面反映 1994 年以来人民币汇率形成机制改革过程中人民币汇率的波动情况，本书采用名义有效汇率（nominal effective exchange rate，NEER）① 刻画人民币对外整体汇率的变化情况。1994 年 1 月至 2016 年 12 月，人民币名义有效汇率波动可以分为五个阶段（图 1-2）。

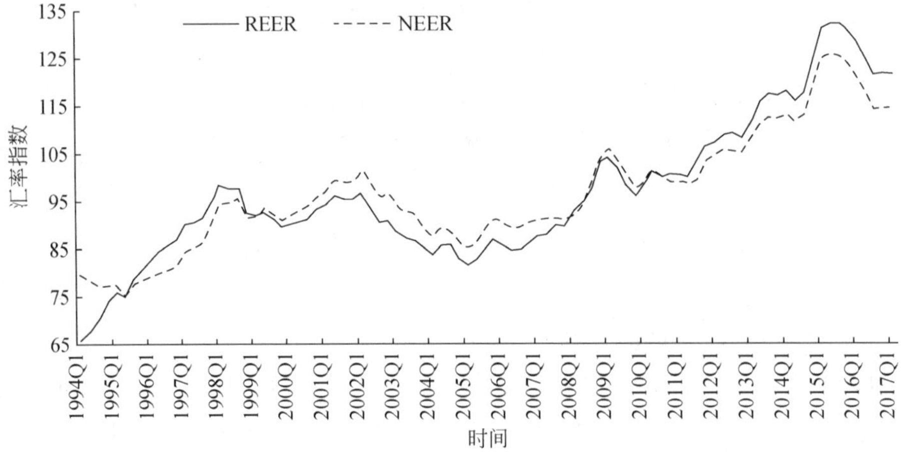

图 1-2　人民币汇率波动趋势

注：人民币实际有效汇率（REER）与名义有效汇率（NEER）数据均为月度数据，所有数据均来源于国际清算银行（Bank for International Settlements，BIS）；Q1 为第一季度。

（1）1994 年 1 月 1 日人民币汇率制度并轨后，人民币名义有效汇率持续升值。2002 年 2 月达到最高，此时人民币名义有效汇率指数为 101.74（以 2010 年为 100，下同），相对于 1994 年 1 月的 76.19，人民币名义有效汇率升值达 33.53%。

①名义有效汇率指以一国对外贸易伙伴国与该国的贸易额在该国对外贸易总额中的比重为权数，将各贸易伙伴国的名义汇率进行加权平均而得到的汇率指数。

（2）2002 年 3 月开始，人民币名义有效汇率步入为期 3 年的贬值通道，最低为 2005 年 3 月的 83.82，相对于 2002 年 2 月的 101.74，人民币名义有效汇率贬值达 17.61%。

（3）2005 年“7 • 21”汇改以后，人民币名义有效汇率进入新一轮升值通道。2009 年 3 月，人民币名义有效汇率指数为 108.07，此轮升值以来人民币名义有效汇率升值达 25.21%。

（4）2009 年 4 月开始，人民币名义有效汇率经历了约 8 个月的小幅阶段性贬值。2009 年 11 月人民币名义有效汇率达到阶段性低点（97）。此后的 17 个月里，人民币名义有效汇率小幅波动。2011 年 5 月开始，人民币有效汇率再次进入一个较长时期的升值通道，2015 年 7 月人民币名义有效汇率指数达 127.41，此轮升值以来人民币名义有效汇率已升值达 30.21%。

（5）2015 年“8 •11”汇改以来，人民币名义有效汇率小幅贬值，截至 2016 年 12 月，人民币名义有效汇率贬值达 6.95%。

总体来看，随着 1994 年以来人民币汇率形成机制改革的逐步深入，人民币名义有效汇率呈现总体升值兼阶段性贬值的特点。人民币实际有效汇率变化趋势总体上与此大致相同。

二、中国出入境旅游发展变动趋势描述

与发达国家不同，中国旅游业走的是一条非常规发展道路。改革开放初期，中国经济社会发展水平低下，居民生活水平处于由贫困向温饱转变阶段，国内旅游的大量需求尚不具备产生条件。在创汇导向下，国家开始大力发展入境旅游。在入境旅游的示范作用下，部分中高收入阶层率先产生了国内旅游需求。20 世纪 90 年代末期以来，随着中国经济社会的持续发展和居民收入水平的显著提高，出境旅游开始兴起。

1995 年以来，中国入境旅游总体保持增长态势。中国入境旅游人数由 1995 年的 4638.65 万人次增加至 2016 年的 13 844 万人次，年均增长 5.34%。分阶段来看，1995～2002 年，中国入境旅游人数保持年均 9.78%的增长速度。2003

年，受 SARS 疫情强烈冲击，中国入境旅游出现了自 1989 年以来的首次下滑，中国入境旅游人数下降 6.38%。2004 年，中国入境旅游全面恢复并实现连续 4 年的正增长。2008～2014 年，随着“封闭红利期”①的结束，尤其是 2008 年国际金融危机的持续影响，中国入境旅游基本停滞甚至小幅下滑，特别是 2012～2014 年，中国入境旅游人数同比分别下降 2.23%、2.51%和 0.45%。其中，2012 年第一季度至 2014 年第一季度，中国入境旅游人数连续 9 个季度同比、环比均下降，事实表明，中国入境旅游已进入螺旋式下降的通道②。直到 2015 年，中国入境旅游触底反弹迹象初步显现并再次实现正增长。2015～2016 年，中国入境旅游人数连续两年实现正增长（图 1-3）。

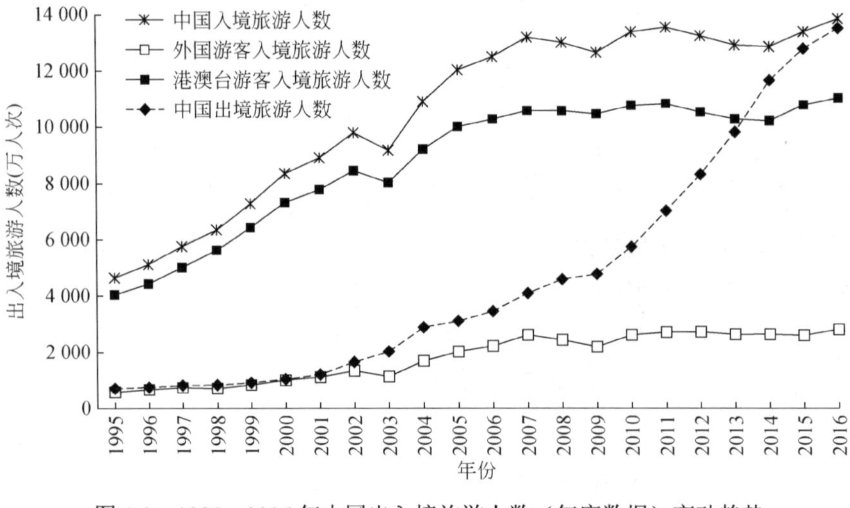

图 1-3　1995～2016 年中国出入境旅游人数（年度数据）变动趋势

1995 年以来，来华外国游客人数与中国入境游客人数保持基本一致的增长态势。1995～2016 年，外国游客入境旅游人数增长 3.78 倍，年均增长 7.37%。但相对来说，来华外国游客人数波动性更大。受 SARS 疫情冲击，2003 年，来华外国游客人数大幅下降 15.15%；而受 2008 年国际金融危机冲击，2009

① 详见 2017 年 7 月 11 日中国旅游研究院院长戴斌在全国旅游市场业务培训班上的讲话《站在全域旅游新方位，迎接入境旅游新时代》。

② 详见中国旅游研究院院长戴斌在《中国入境旅游发展年度报告 2014》发布会暨入境旅游创新发展论坛上的主旨演讲《以全球视野谋划入境旅游发展的新思路》。

年，来华外国游客人数下降 9.82%。2016 年，来华外国游客人数再创历史新高，达 2813 万人次，同比增长 8.25%。

在中国游客消费升级、目的地国家对中国游客的签证政策不断放宽、目的地服务持续优化的推动下，中国公民出境旅游需求不断释放。2000 年，中国出境旅游人数达 1047.26 万人次，其中，因私出境（占比 53.78%）超过因公出境，成为中国公民出境旅游的主体。2001 年 12 月中国加入世界贸易组织后，中国公民出境旅游限制显著减少、手续更加便捷，中国出境旅游开始井喷式增长。2003 年，中国成为亚洲第一大旅游客源国，出境旅游人数达 2022.19 万人次。2005 年，中国出境旅游人数达 3102.63 万人次，其中，因私出境占比超过 80%。2007 年，中国出境旅游人数达 4095.40 万人次，其中，因私出境旅游人数达 3492.40 万人次。2014 年，中国出境旅游人数达 11 659.32 万人次，其中，因私出境旅游人数达 11 002.91 万人次。

1995 年以来，中国出境旅游人数连续 21 年保持增长态势。除了少数年份之外，中国出境旅游人数均保持两位数增速。中国出境旅游人数由 1995 年的 713.9 万人次增加至 2016 年的 13 513 万人次，增长近 18 倍，年均增长 15.03%。2015 年，中国出境旅游人数增速为 9.66%；2016 年，增速进一步下降至 5.69%。经过近二十年的高速增长，中国出境旅游正在进入中低速稳定增长的新常态（戴斌，2017）。

从中国出入境旅游增速对比（表 1-1）来看，1995～2004 年，中国入境旅游人数年均增长 9.96%，而同期中国出境旅游人数年均增长 16.79%。2005～2016 年，中国入境旅游人数年均增长 1.85%，而同期中国出境旅游人数年均增长率虽略有下降，但依然高达 13.73%。2005 年以来，中国入境旅游人数有 5 年出现负增长，而中国出境旅游人数则一直保持正增长。随着封闭红利逐渐释放殆尽及国民收入稳步增长，2001 年成为中国出入境旅游市场增速反转的拐点。2001 年以来（除了 2005 年以外），中国出境旅游人数增速均高于中国入境旅游人数增速。2001～2016 年，中国入境旅游人数年均增长 2.99%，而同期中国出境旅游人数年均增长 17.43%。中国出入境旅游增速反转已成为近年来中国出入境旅游发展的显著特征。

表 1-1　1995～2016 年中国出入境旅游增速对比　　（单位：%）

时段	中国入境旅游人数增速	中国出境旅游人数增速	增速差值（出境-入境）
1995～2004 年	9.96	16.79	6.83
2005～2016 年	1.85	13.73	11.88
1995～2016 年	5.34	15.03	9.69

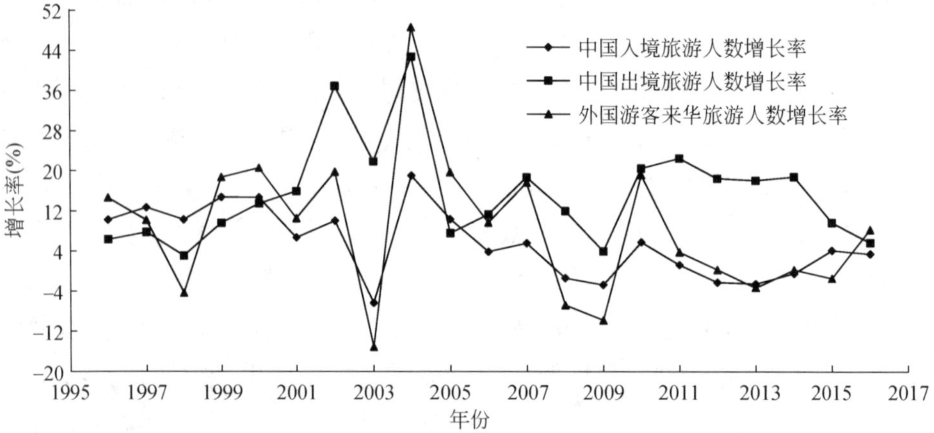

图 1-4　中国出入境旅游增速变动趋势

从中国出入境旅游人数差距（表 1-2）来看，1995～2007 年，中国出入境旅游人数差距值逐年增加，2007 年达 9091.93 万人次；此后，中国出入境旅游人数差距逐年缩小，2016 年中国入境旅游人数仅比中国出境旅游人数多 331 万人次。

表 1-2　1995～2016 年中国出入境旅游人数差距　　（单位：万人次）

年份	中国入境旅游人数	中国出境旅游人数	差距（入境-出境）
1995	4 638.65	713.90	3 924.75
1996	5 112.75	758.82	4 353.93
1997	5 758.79	817.54	4 941.25
1998	6 347.84	842.56	5 505.28
1999	7 279.56	923.24	6 356.32

续表

年份	中国入境旅游人数	中国出境旅游人数	差距（入境-出境）
2000	8 344.39	1 047.26	7 297.13
2001	8 901.29	1 213.44	7 687.85
2002	9 790.83	1 660.23	8 130.60
2003	9 166.21	2 022.19	7 144.02
2004	10 903.82	2 885.00	8 018.82
2005	12 029.23	3 102.63	8 926.60
2006	12 494.21	3 452.36	9 041.85
2007	13 187.33	4 095.40	9 091.93
2008	13 002.74	4 584.44	8 418.30
2009	12 647.59	4 765.62	7 881.97
2010	13 376.22	5 738.65	7 637.57
2011	13 542.35	7 025.00	6 517.35
2012	13 240.53	8 318.17	4 922.36
2013	12 907.78	9 818.52	3 089.26
2014	12 849.83	11 659.32	1 190.51
2015	13 382.04	12 786.00	596.04
2016	13 844.00	13 513.00	331.00

第三节　研究目的与意义

一、研究目的

从传统理论来看，人民币汇率波动可能会对中国出入境旅游产生一定影响。但实际影响如何，必须通过系统的理论研究与实证分析加以确定。研究人民币汇率波动对中国出入境旅游的长期影响，并从双边旅游流对双边汇率波动的反应角度深入分析中国出入境旅游的人民币汇率弹性，可以为旅游管理部门采取针对性的干预措施熨平汇率波动造成的冲击提供有价值的信息，也可以为货币当局汇率政策调整提供决策参考。

二、研究意义

1.理论意义

本书系统地阐述汇率波动通过价格传导及心理预期传导影响出入境旅游发展的内在机理，有助于补充、丰富汇率波动与国际旅游发展关系的理论体系。此外，传统的旅游引力模型缺乏坚实的理论基础，使基于该模型的需求预测与政策分析饱受诟病。本书基于消费者效用理论推导出的旅游引力模型构建中国出入境旅游需求计量模型，研究人民币汇率波动对中国出入境旅游的影响，有助于构建更加贴近中国实际的出入境旅游需求函数。

2.实践价值

近年来，人民币大幅升值显著削弱了中国旅游产品的价格竞争力。本书系统地研究人民币汇率波动对中国出入境旅游的作用机理，并分别采用时间序列数据和面板数据计量方法估算人民币汇率波动对中国出入境旅游的效应，得到更具现实解释力的研究结论。本书研究结论对政府部门优化中国出入境旅游发展政策措施具有重要的参考价值，也可为中国旅游企业调整发展战略提供决策依据。

第四节　研究思路、方法与框架

一、研究思路

本书研究的基本思路如下：首先，梳理、研读汇率波动的贸易效应及汇率波动与旅游需求关系的相关文献，全面了解相关研究进展和趋势；其次，基于中国出入境旅游月度时间序列数据，采用协整检验和格朗杰因果关系检验方法实证分析人民币汇率波动对中国出入境旅游的长期影响；再次，从微观经济学中的消费者效用理论出发，构建具有较强理论基础的旅游引力模型，在此基础上建立汇率波动影响国际旅游发展的计量模型，并采用中国出入境旅游面板数据，实证分析中国出入境旅游的人民币汇率弹性；最后，基于研究发现提出相关政策建议。

二、研究方法

1.文献研究法

梳理、研读汇率波动的贸易效应及汇率波动与旅游需求关系的相关理论、实证文献，为确定研究方案、构建理论框架提供支撑。

2.统计、计量分析法

采用 Census X12 方法对中国出入境旅游人数序列数据进行季节调整，并使用 HP（Hodrick-Prescot）滤波方法将季节调整后的序列数据中的长期趋势和循环要素进行分解，考察中国出入境旅游发展演化特征及趋势。在此基础上，运用协整检验和格朗杰因果关系检验方法实证分析人民币汇率波动对中国出入境旅游的长期影响。进一步地，基于面板数据分析方法，从双边旅游流对双边货币汇率波动的反应角度深入分析中国出入境旅游的人民币汇率弹性。

三、研究框架

本书在阐明汇率波动对出入境旅游的作用机理的基础上，实证检验人民币汇率波动对中国出入境旅游的影响，进而提出促进中国出入境旅游健康有序发展的政策建议。全书共分为六章。

第一章是绪论。介绍本书的研究背景，研究目的与意义，研究思路、方法与框架以及本书研究的创新与不足。

第二章是关于人民币汇率形成机制改革与中国出入境旅游发展的典型事实分析。主要包括：①回顾1994年以来人民币汇率形成机制改革轨迹，分析人民币兑美元、欧元和英镑等主要货币双边汇率波动情况；②回顾改革开放以来中国出入境旅游发展情况，系统梳理并分析中国出入境旅游发展的阶段特征。

第三章是关于汇率波动对出入境旅游的效应与作用机理的分析。主要包括：①采用国际经济学理论分析汇率波动的贸易效应，并简要梳理汇率波动的贸易效应相关研究文献；②分析汇率波动通过价格传导和心理预期传导影响出入境旅游的内在机理。

第四章估计汇率波动对中国出入境旅游的长期影响。使用 Census X12 方法对中国出入境旅游月度时间序列进行季节调整，并使用 HP 滤波方法将季节调整后的中国出入境旅游时间序列中的长期趋势和循环要素进行分解，分析中国出入境旅游发展的长期趋势。在此基础上，使用协整检验和格朗杰因果关系检验方法实证分析人民币实际有效汇率波动对中国出入境旅游的长期影响。

第五章估计中国出入境旅游的人民币汇率弹性。基于消费者效用理论推导出的旅游引力模型构建中国出入境旅游需求计量模型，利用中国出入境旅游面板数据，从双边旅游流对双边汇率波动的反应角度分析中国出入境旅游的人民币汇率弹性。在计量模型中控制了客源国人均收入水平、目的地国家经济发展水平、样本国家与中国地理距离和相对价格等解释变量对中国出入境旅游的影响，并使用豪斯曼-泰勒工具变量估计方法（Hausman-Taylor IV estimator，HT/IV 估计）得到更加稳健和可靠的研究结果。

第六章就促进中国出入境旅游健康有序发展提出相关政策建议。基于本书研究结论，结合人民币中长期升值及中国出入境旅游发展新阶段的现实背景，从推动旅游供给侧结构性改革、优化旅游发展环境、实施综合性出入境旅游促进政策设计、提升中国出入境旅游影响力等方面提出促进中国出入境旅游健康有序发展的政策建议。

第五节　研究创新与不足

一、研究创新

（1）现有文献主要从实证层面研究汇率波动对国际旅游的影响，而关于汇率波动对国际旅游的作用机理的研究较为缺乏。本书构建了汇率传导路径模型，理清了汇率波动通过价格传导和心理预期传导影响国际旅游发展的内在机理。

（2）现有文献大多采用年度时间序列数据或面板数据，无法反映人民币汇率短期波动对中国出入境旅游的影响。本书采用中国出入境旅游月度时间序列数据，使用 Census X12 方法对月度时间序列数据进行季节调整，并使用 HP 滤波方法将季节调整后的月度时间序列数据中的长期趋势和循环要素进行分解，考察中国出入境旅游的演化特征及趋势，在此基础上检验人民币汇率波动对中国出入境旅游的长期影响。

（3）现有文献主要基于总量数据，从总体上分析人民币汇率波动对中国出入境旅游的影响，没有区分人民币兑不同国家货币的汇率波动对中国出入境旅游产生的不同影响。本书采用中国出入境旅游面板数据，从双边旅游流对双边货币汇率波动的反应角度进一步深入分析中国出入境旅游的人民币汇率弹性。

（4）旅游需求计量模型中的部分解释变量（如汇率、经济发展水平和收入水平等）并非严格外生，但现有大多文献并未充分考虑计量模型中可能存在的内生性问题，导致统计推断和估计效率下降。本书采用 HT/IV 估计量有效地解决了解释变量的内生性问题，得到了更加稳健的研究结论。

二、研究不足

本书利用中国出入境旅游月度时间序列数据，从总体上分析人民币汇率波动对中国出入境旅游的长期影响，采用中国出入境旅游面板数据从双边旅游流对双边汇率波动的反应角度进一步分析中国出入境旅游的人民币汇率弹性。但不同类型游客对旅游产品需求偏好存在差异，对价格的敏感程度也不同，使汇率波动对不同类型游客出游行为的影响可能存在较大差异。由于缺乏更加详细的出入境旅游流数据，本书未能开展进一步深入细致的研究。具体来说，本书研究的不足主要体现在以下两个方面：

（1）显然，如果一个国家的旅游产品价格上涨，那么潜在的游客可能会选择其他备选目的地作为替代或缩短停留时间。在未来的研究中，如果能够获得包括游客逗留时间的详细的中国出入境旅游资料，那么可以将游客的出游行为看作是“去哪里”和“待多久”两步决策，进而深入分析汇率波动对出入境旅游的影响。

（2）世界旅游组织（World Tourism Organization，UNWTO）根据出游目的将旅游分为休闲旅游、探亲访友、商务旅游、宗教旅游及其他五类。各种旅游类型都是出入境旅游的重要组成部分。但出游目的不同的游客，其出游需求的影响因素可能也不同。例如，休闲旅游者可能对价格较为敏感，而商务旅游者则对目的地国家的经济发展水平更为敏感。然而，可获得的国家之间的旅游流数据往往没有根据出游目的区分游客。由于缺乏按不同出游目的细分的中国出入境旅游流资料，本书将各种类型旅游不加区分而笼统作为一类进行研究，可能会降低本书研究结果的解释能力。

第二章 人民币汇率形成机制改革与中国出入境旅游发展的典型事实

第一节 人民币汇率形成机制改革轨迹

中华人民共和国成立以来至改革开放前，在传统的计划经济体制下，人民币汇率受到严格管控。根据不同时期经济建设需要，人民币汇率制度经历了单一浮动汇率制（1949～1952 年）、单一固定汇率制（1953～1972 年）和布雷顿森林体系[①]崩溃以后参考“一篮子货币”计算的单一浮动汇率制（1973～1980 年）三个时期。

改革开放初期，为激励外贸企业出口，人民币汇率形成机制经历官方牌价与贸易外汇内部结算价并存（1981～1984 年）、官方牌价与外汇调剂价并存（1985～1993 年）两个双重汇率制时期。其中，以现汇留成制为基础的外汇调剂市场的发展提高了地方、部门、企业创汇的积极性，促进外汇资源的合理配置，利于外商投资企业解决外汇平衡问题，加速外汇资金的周转流通。但随着改革开放的不断深入，人民币双重汇率制的弊端逐渐显露。官方外汇市场与调剂市场并存造成实际的复汇率，不符合国际货币基金组织的有关规定。官方外汇市场与调剂市场并存造成外汇市场秩序混乱，助长了投机。

①布雷顿森林体系（Bretton Woods system）是第二次世界大战后以美元为中心的国际货币体系，是布雷顿森林协定（Bretton Woods Agreements）对各国就货币兑换、国际收支调节和国际储备资产的构成等问题共同做出的安排所确定的规则、采取的措施及相应的组织机构形式的总和。1973 年，布雷顿森林体系崩溃。

一、1994～2004 年的人民币汇率形成机制改革

1994 年 1 月 1 日，作为中国建设社会主义市场经济的改革措施之一，人民币汇率形成机制由双重汇率制度改为单一汇率制度，开始实行银行结售汇，建立统一的银行间外汇市场，实行“以市场供求为基础的、单一的、有管理的浮动汇率制”。中国人民银行设定一定的汇率浮动区间，并通过调控市场保持人民币汇率稳定。1994 年 1 月至 1997 年第三季度，人民币汇率稳中有升。1998 年，面对亚洲金融风暴冲击，为避免周边国家（地区）货币竞相贬值加剧危机，中国政府承诺人民币不贬值，人民币兑美元汇率基本保持不变（图 2-1）。这导致国际货币基金组织在 1999 年调整汇率制度分类方法时将人民币汇率制度划分从“管理浮动制”（managed floating exchange rate regime）转为“钉住单一货币的固定汇率制”（fixed exchange regime pegging single currency）。

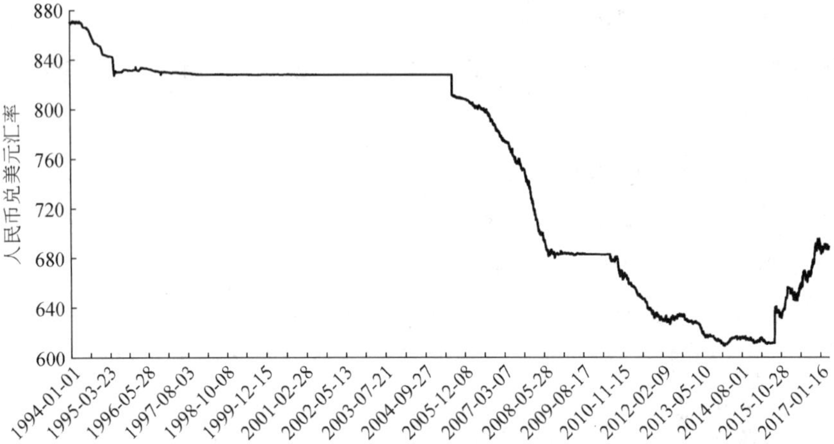

图 2-1　人民币兑美元汇率波动趋势

注：人民币兑美元汇率采用直接标价法，100 美元折合多少元人民币。数据来源于国家外汇管理局。

二、2005～2015 年的人民币汇率形成机制改革

2005 年 7 月 21 日起，人民币汇率告别长达 10 年的“紧钉美元的固定汇

率制度”，进入了“以市场供求为基础、参考一篮子货币进行调节、有管理的浮动汇率制度”。

第一阶段：2005 年 7 月至 2006 年 7 月。“7·21” 汇改初期，人民币兑美元汇率缓慢升值。人民币兑美元汇率中间价于 2006 年 5 月 15 日首度“破 8”并在此后 2 个月内围绕这个整数关口窄幅波动，2006 年 7 月 20 日人民币兑美元汇率中间价再次“破 8”后进入“7 时代”。

第二阶段：2006 年 8 月至 2008 年 8 月。2006 年 8 月起，人民币兑美元汇率呈现单边升值走势。特别是随着 2007 年中国经济景气周期波峰的到来，人民币开始快速大幅升值。2008 年 5 月 16 日，人民币兑美元汇率中间价进入“6 时代”。2006 年 8 月至 2008 年 8 月，人民币兑美元汇率从 7.97 升值至 6.83 附近，升值幅度达 14.3%。

第三阶段：2008 年 9 月至 2010 年 5 月。2008 年国际金融危机爆发引发欧元、日元及主要新兴经济体（emerging economies）货币竞相贬值，但中国适当收窄人民币波动幅度以应对危机。在此期间，人民币重新钉住美元，导致人民币兑欧元和英镑等其他主要货币大幅升值（图 2-2～图 2-4）。

图 2-2　人民币兑欧元汇率变动趋势

注：人民币兑欧元汇率采用直接标价法，1 欧元折合多少元人民币。数据来源于国家外汇管理局。

图 2-3　人民币兑英镑汇率变动趋势

注：人民币兑英镑汇率采用直接标价法，100 英镑折合多少元人民币。数据来源于国家外汇管理局。

图 2-4　人民币兑日元汇率变动趋势

注：人民币兑日元汇率采用直接标价法，100 日元折合多少人民币。数据来源于国家外汇管理局。

第四阶段：2010 年 6 月至 2015 年 7 月。2010 年 6 月 19 日，中国重启人民币汇率形成机制改革，放弃了国际金融危机以来人民币“硬钉住”美元汇率制度，恢复“参考一篮子货币进行调节、有管理的浮动汇率制度”。但直到 2014 年之前，人民币汇率弹性始终比较低，要么是紧钉美元，要么是爬行钉住（crawling peg）[①]美元单向升值。根据中国人民银行的安排，从 2014

① 爬行钉住汇率制是固定汇率制和浮动汇率制的折中，其含义是一国对货币平价进行细微的、经常性的调整，扭转一国的国际收支失衡，是将汇率钉住某种平价，但根据一组选定的指标频繁地、小幅度地调整所钉住平价的一种汇率安排。

年 3 月 17 日起，银行间即期外汇市场人民币兑美元交易价浮动幅度由 1%扩大至 2%。从实际走势看，人民币兑美元汇率在 2014 年先贬值后升值再贬值。人民币汇率双向浮动显著增强（图 2-1）。

三、2015 年 8 月以来的人民币汇率形成机制改革

2015 年 8 月 11 日，为了增强人民币兑美元汇率中间价的市场化程度和基准性，中国人民银行宣布完善人民币兑美元汇率中间价报价机制。做市商在每日银行间外汇市场开盘前，参考上日银行间外汇市场收盘汇率，综合考虑外汇供求情况及国际主要货币汇率变化向中国外汇交易中心提供中间价报价。这一调整使人民币兑美元汇率中间价更加真实地反映当期外汇市场的供求关系。2015 年 12 月 11 日，中国外汇交易中心发布“CFETS 人民币汇率指数”，人民币汇率形成机制开始转向参考“一篮子货币”、保持“一篮子汇率”基本稳定。2015 年“8·11”汇改以来，人民币汇率双向浮动弹性明显增强，不再单边升值。

第二节　中国入境旅游发展的典型事实

中国当代旅游业是从发展入境旅游开始起步的。2016 年，中国入境游客人数为 13 844 万人次，是 1978 年的 76.52 倍。改革开放以来，港澳台地区在中国入境旅游市场所占份额一直保持在 80%以上，而且自 2005 年以来，港澳台入境游客基本维持在略高于 1 亿人次这一高位。港澳台客源市场的稳步发展为中国入境旅游的快速发展奠定了坚实基础，而外国游客客源市场则是中国入境旅游持续发展的重要突破口。

一、中国入境旅游发展的阶段特征

1978～2007 年，随着建立在差异性基础之上的“封闭红利”的集中释放，

中国入境旅游总体保持较高速增长[①]。中国入境旅游人数由 1978 年的 180.92 万人次增加至 2007 年的 13 187.33 万人次，年均增长 15.37%。此后，由于“封闭红利期”的结束，加上 2008 年国际金融危机的冲击，中国入境旅游从长期高速发展进入波动下行期，2015 年以来中国入境旅游触底反弹的态势初步显现并逐渐复归常态化增长。

1.改革开放三十年中国入境旅游发展总体特征

（1）萌芽和爆发性增长阶段（1978～1988 年）。改革开放初期，为了赚取经济建设所需的外汇，国家开始大力发展入境旅游，入境旅游的“封闭红利”得到集中释放，中国入境旅游从起步迅速进入爆发性增长时期。1978 年，中国入境旅游人数达 180.92 万人次，位居世界第 48 位；1988 年，中国入境旅游人数已达 3169.48 万人次，世界排名升至第 10 位。1978～1988 年，中国入境旅游人数增幅超过 16 倍，年均增长 33.15%。

（2）急剧下滑和恢复增长阶段（1989～1991 年）。1989 年中国接待入境游客人数出现 1978 年以来的首次下滑（同比大幅下降 22.70%），1990 年，中国入境旅游恢复增长。1991 年中国入境旅游人数比 1988 年增长 5.22%。

（3）快速平稳增长阶段（1992～2002 年）。中国进入改革开放和现代化建设快速发展的关键时期，入境旅游连续 11 年保持快速增长，接待入境游客人数年均增长 9.89%。1999 年，中国接待入境游客人数位列世界第 5 位。2002 年，中国接待入境游客人数达 9790.83 万人次，是 1991 年的 2.94 倍。

（4）急剧下滑和突破性增长阶段（2003～2007 年）。2003 年，受 SARS 疫情冲击，中国接待入境游客人数比 2002 年减少 6.38%。2004～2007 年，中国入境旅游全面恢复并取得突破性发展。2004 年，中国入境旅游人数达 1.09 亿人次，比上年增长 18.96%，中国接待入境游客人数位列世界第 4 位。2005 年以后，中国入境旅游增长放缓，但仍然保持稳健增长态势，中国入境旅游人数年均增长 6.54%。2007 年，中国入境旅游人数达 1.32 亿人次，

①其中，1989 年和 2003 年出现大幅下降。

比 2004 年增长 20.94%（图 2-5）。

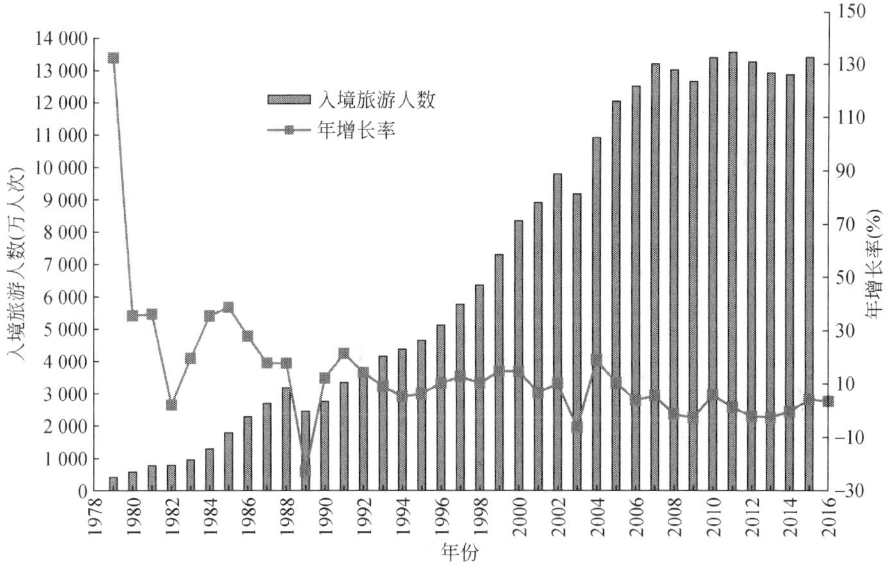

图 2-5　中国入境旅游人数及年增长率

资料来源：《中国旅游统计年鉴 2017》。

2.金融危机爆发以来中国入境旅游发展新态势

2008 年爆发的国际金融危机引发了全球性经济危机和衰退。不仅发达国家经济减速，新兴经济体也受到了强烈冲击。此次金融危机迅速波及此前蓬勃发展的全球旅游市场。2004～2007 年出入境旅游保持空前的大幅增长，年均增幅 7%，远高于 UNWTO 预定的年均 4%的长期增长目标。2008 年下半年，金融危机肆虐全球，出入境旅游急剧下行。2008 年，出入境旅游人数增幅为 2%，为近年来最低增幅。2009 年，出入境旅游延续快速下行趋势，全年出入境旅游人数大幅下降 4%。2010 年，出入境旅游业率先从金融危机和经济衰退中复苏，出入境旅游人数同比增长 6.9%。此后，出入境旅游业保持年均 4%左右的增幅。

与国际上的旅游市场有所不同的是，2008 年国际金融危机爆发直至 2014 年，中国入境旅游市场一直较为萧条。2008 年和 2009 年，中国入境旅游人数分别下降 1.40%和 2.73%。2010 年，中国入境旅游全面复苏，全年接待入境游客人数为 13 376.22 万人次，超过金融危机前水平，同比增长 5.76%。但 2011 年，中国入境旅游人数增幅放缓，仅增长 1.24%。随后的 3 年（2012～2014 年）里，中国入境旅游增长停滞并转为持续负增长。2014 年，中国入境旅游人数为 12 849.83 万人次，已低于 2008 年金融危机前中国入境旅游人数。2015 年以来，中国入境旅游逐渐走出金融危机后的萧条期，中国入境旅游人数连续两年实现正增长，同比分别增长 4.14%和 3.45%，正在从全面恢复走向持续增长的新阶段（戴斌，2017）。

二、中国入境外国游客地理分布特征

考虑数据的可获得性，本节选取中国入境旅游的 23 个主要客源国作为研究样本，包括日本、韩国、美国、俄罗斯、蒙古、新加坡、马来西亚、菲律宾、英国、泰国、德国、印度尼西亚、澳大利亚、加拿大、法国、朝鲜、意大利、印度、瑞典、荷兰、瑞士、葡萄牙、新西兰。样本期为 1995～2015 年。1995 年以来，23 个主要客源国在中国入境旅游外国游客客源市场中所占份额在 80%以上，以 23 个主要客源国作为样本可以基本反映中国入境旅游外国游客客源市场情况。

客源市场空间结构是游客的地理来源和强度，反映了客源市场在空间上的分布和组合表现特征。其集中程度可以用地理集中指数来衡量，计算公式如下（陆林，1989）：

$$\mathrm{CI} = 100 \times \sqrt{\sum_{i=1}^{n}\left(\frac{\mathrm{va}_i}{V}\right)^2}$$

式中，CI 为地理集中指数；va_i 为来自第 i 个客源国的游客人数；V 为入境外国游客总人数；n 为旅游客源国家（地区）总数。CI 值越大，表明客源市场越集中。

由表 2-1 和表 2-2 可以看出，中国入境旅游的外国游客空间分布较为稳定，主要客源国来华旅游人数位次变化不大。图 2-6 显示，中国入境旅游外国游客地理集中指数一直处于较高水平，表明入境的外国游客地理分布较为集中。其中，1995～2002 年，中国入境旅游外国游客地理集中指数逐年增大，表明中国入境旅游外国游客地理分布趋于集中；2003 年以来，中国入境旅游外国游客地理集中指数逐年减小，表明中国入境旅游外国游客地理分布趋于分散。

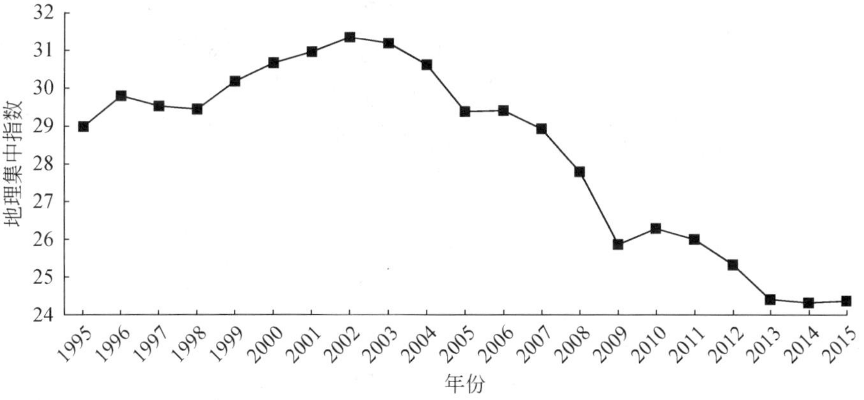

图 2-6　中国入境旅游客源国地理集中指数

主要客源国在中国入境旅游外国人客源市场中所占份额的变化情况和中国入境旅游客源国地理集中指数变化情况基本一致（即先增加后减小），由 1995 年的 88.27%增加至 2001 年的 91.19%，后又逐渐降低至 2015 年的 78.96%（图 2-7）。

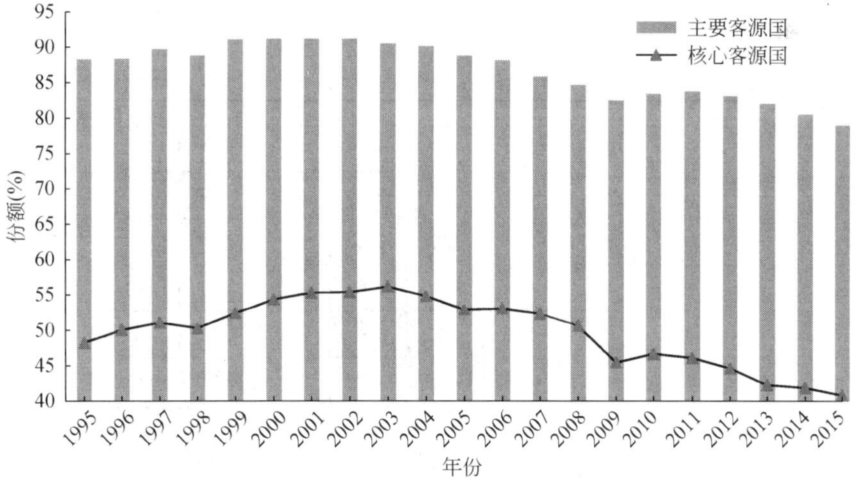

图 2-7　主要客源国、核心客源国在中国入境旅游外国游客市场中所占份额

表 2-1　中国入境外国游客地理分布（1995～2005 年）　　（单位：%）

序号	国别	1995 年	1996 年	1997 年	1998 年	1999 年	2000 年	2001 年	2002 年	2003 年	2004 年	2005 年
1	PRK	1.13	0.94	0.96	0.86	0.83	0.75	0.69	0.59	0.68	0.66	0.62
2	IND	0.76	0.82	0.81	0.92	1.00	1.19	1.42	1.59	1.92	1.83	1.76
3	IDN	2.26	2.04	1.98	1.47	2.17	2.17	2.00	2.04	2.03	2.07	1.86
4	JPN	22.17	22.96	21.29	22.12	22.00	21.67	21.25	21.77	19.77	19.69	16.74
5	MYS	4.28	4.43	4.86	4.22	4.42	4.34	4.17	4.41	3.77	4.38	4.44
6	MNG	4.45	4.18	4.62	3.73	4.20	3.93	3.45	3.37	3.67	3.27	3.17
7	PHL	3.73	3.61	3.73	3.61	3.54	3.58	3.63	3.78	4.01	3.24	3.23
8	SGP	4.44	4.25	4.26	4.45	4.18	3.93	3.70	3.70	3.32	3.76	3.73
9	KOR	8.99	10.29	10.52	8.90	11.76	13.23	14.95	15.81	17.06	16.80	17.50
10	THA	2.94	2.87	2.27	2.03	2.45	2.37	2.66	2.87	2.42	2.74	2.89
11	GBR	3.14	3.04	3.07	3.42	3.07	2.79	2.69	2.55	2.53	2.47	2.47
12	DEU	2.83	2.65	2.49	2.70	2.58	2.35	2.26	2.10	1.95	2.16	2.25
13	FRA	2.01	1.83	1.77	1.94	1.85	1.82	1.78	1.65	1.37	1.66	1.84
14	ITA	1.08	0.92	0.88	1.02	0.86	0.77	0.69	0.68	0.58	0.72	0.97
15	NLD	0.59	0.61	0.70	0.83	0.83	0.75	0.83	0.75	0.60	0.69	0.72
16	PRT	0.43	0.36	0.48	0.54	0.48	0.22	0.24	0.27	0.26	0.23	0.22
17	SWE	0.60	0.51	0.52	0.57	0.56	0.53	0.47	0.47	0.44	0.51	0.54
18	CHE	0.58	0.50	0.41	0.40	0.35	0.30	0.27	0.24	0.21	0.24	0.25
19	RUS	8.31	8.24	10.95	9.74	9.88	10.63	10.66	9.46	12.11	10.58	10.98
20	CAN	2.19	2.32	2.34	2.76	2.53	2.33	2.26	2.17	2.02	2.06	2.12
21	USA	8.75	8.55	8.30	9.53	8.73	8.82	8.46	8.34	7.21	7.73	7.68
22	AUS	2.20	1.97	2.11	2.62	2.41	2.30	2.27	2.17	2.15	2.22	2.38
23	NZL	0.39	0.45	0.38	0.42	0.37	0.37	0.40	0.37	0.38	0.38	0.39
24	其他	11.73	11.66	10.29	11.20	8.95	8.84	8.81	8.84	9.55	9.89	11.24

注：根据历年《中国统计年鉴》提供的数据计算整理得到。因四舍五入影响，部分项目加和不等于 100%。PRK-朝鲜、IND-印度、IDN-印度尼西亚、JPN-日本、MYS-马来西亚、MNG-蒙古、PHL-菲律宾、SGP-新加坡、KOR-韩国、THA-泰国、GBR-英国、DEU-德国、FRA-法国、ITA-意大利、NLD-荷兰、PRT-葡萄牙、SWE-瑞典、CHE-瑞士、RUS-俄罗斯、CAN-加拿大、USA-美国、AUS-澳大利亚、NZL-新西兰。

表 2-2 中国入境外国游客地理分布（2006～2015 年） （单位：%）

序号	国别	2006 年	2007 年	2008 年	2009 年	2010 年	2011 年	2012 年	2013 年	2014 年	2015 年
1	PRK	0.50	0.44	0.42	0.48	0.45	0.56	0.66	0.79	0.70	0.72
2	IND	1.82	1.77	1.79	2.05	2.10	2.24	2.24	2.57	2.69	2.81
3	IDN	1.95	1.83	1.75	2.14	2.19	2.25	2.29	2.30	2.15	2.10
4	JPN	16.87	15.23	14.17	15.12	14.28	13.49	12.94	10.95	10.31	9.61
5	MYS	4.10	4.07	4.28	4.83	4.77	4.59	4.54	4.59	4.29	4.14
6	MNG	2.84	2.61	2.90	2.63	3.04	3.67	3.72	3.99	4.11	3.90
7	PHL	3.17	3.19	3.27	3.41	3.17	3.30	3.54	3.79	3.67	3.86
8	SGP	3.73	3.53	3.60	4.05	3.84	3.92	3.78	3.68	3.69	3.48
9	KOR	17.67	18.30	16.28	14.58	15.60	15.44	14.97	15.10	15.86	17.10
10	THA	2.67	2.34	2.28	2.47	2.43	2.24	2.38	2.48	2.33	2.47
11	GBR	2.49	2.32	2.27	2.41	2.20	2.20	2.27	2.38	2.29	2.23
12	DEU	2.25	2.13	2.17	2.36	2.33	2.35	2.43	2.47	2.51	2.40
13	FRA	1.81	1.77	1.77	1.94	1.96	1.82	1.93	2.03	1.96	1.87
14	ITA	0.88	0.82	0.80	0.87	0.88	0.87	0.93	0.96	0.96	0.95
15	NLD	0.76	0.74	0.74	0.76	0.72	0.73	0.72	0.72	0.68	0.70
16	PRT	0.20	0.18	0.18	0.20	0.18	0.17	0.18	0.19	0.20	0.21
17	SWE	0.58	0.56	0.57	0.57	0.59	0.63	0.63	0.60	0.54	0.46
18	CHE	0.26	0.25	0.26	0.29	0.28	0.28	0.30	0.31	0.30	0.28
19	RUS	10.83	11.50	12.84	7.95	9.07	9.35	8.92	8.32	7.76	6.09
20	CAN	2.25	2.21	2.20	2.51	2.62	2.76	2.60	2.60	2.53	2.62
21	USA	7.70	7.28	7.34	7.79	7.69	7.81	7.79	7.93	7.94	8.03
22	AUS	2.42	2.33	2.35	2.56	2.53	2.68	2.85	2.75	2.55	2.45
23	NZL	0.40	0.42	0.43	0.46	0.44	0.45	0.47	0.49	0.48	0.48
24	其他	11.86	14.17	15.34	17.58	16.61	16.22	16.91	18.03	19.50	21.04

注：根据历年《中国统计年鉴》提供的数据计算整理得到。因四舍五入影响，部分项目加和不等于 100%。PRK-朝鲜、IND-印度、IDN-印度尼西亚、JPN-日本、MYS-马来西亚、MNG-蒙古、PHL-菲律宾、SGP-新加坡、KOR-韩国、THA-泰国、GBR-英国、DEU-德国、FRA-法国、ITA-意大利、NLD-荷兰、PRT-葡萄牙、SWE-瑞典、CHE-瑞士、RUS-俄罗斯、CAN-加拿大、USA-美国、AUS-澳大利亚、NZL-新西兰。

进一步分析可以发现，中国入境旅游外国游客客源市场主要集中在韩国、日本、俄罗斯和美国。四国合计占中国入境旅游外国人客源市场的份额在 40%以上（图 2-7），是中国入境旅游的核心客源市场。目前，韩、日、俄、美四国来中国游客数量均超过百万人次。核心客源市场占中国入境旅游市场的份额也大致经历了一个先增加后减小的过程，即由 1996 年的 50.06%增加至 2003 年的 56.16%，2003 年以来又逐年降低，2015 年这一份额为 40.83%。

第三节　中国出境旅游发展的典型事实

改革开放初期，中国旅游业发展以创汇优先为导向，以接待入境旅游者为主，严格意义上的出境旅游还未形成。1983 年，国家开始港澳游试点。1990 年 10 月，国家率先开放中国公民自费赴新加坡、马来西亚和泰国旅游。1997 年 7 月起，在试办港澳游、边境旅游[①]的基础上，正式开展中国公民自费出境旅游业务。2000 年以来，随着中国出境游客数量急剧增长和消费能力逐步提升，世界各主要旅游目的地纷纷推出签证便利政策和促销手段吸引中国游客，以刺激本国（地区）经济增长。截至 2018 年 5 月 1 日，与中国签订 ADS[②]协议的国家（地区）已达 150 多个，中国正式开展组团业务的出境旅游目的地国家（地区）已达 128 个（附表 1）。

受中国出境旅游政策的逐步放开及中国国民经济的持续增长、主要目的地国家和地区签证放宽与市场促销策略等诸多有利因素的影响，中国出境旅游保持持续快速增长。20 世纪 90 年代以来，中国成为全球旅游市场增长最快的客源输出国之一。中国出境旅游的发展，从活动形式来看，大体沿着港澳游、边境游和出国游的次序；从出游目的来看，由探亲访友、商贸活动逐步转变为观光、休闲和度假；从国家政策和管理的角度来看，经历了试验、放松到逐渐放

① 边境旅游（border tourism），指经批准的旅行社组织和接待我国及毗邻国家的公民、集体从指定的边境口岸出入境，在双方政府商定的区域和期限内进行的旅游活动。

② ADS(approved destination status)，指定的旅游目的地国家。《旅游目的地许可(ADS)计划》是中国政府和旅游目的地之间的双边协议，许可中国旅游者通过参加旅游团的形式到目的地国家（地区）进行休闲旅游。只有获得 ADS 资格的国家（地区）才能被中国政府列为组团旅游目的地，才能在中国开拓旅游市场。

开的过程（张广瑞，2002）。从出游目的地地理分布来看，仍以近程目的地为主，包括中国的港澳台地区及日本、韩国、东南亚的一些地区，但美国、加拿大和澳大利亚等远程市场增长较快。

一、内地居民赴港澳旅游发展进程

1.港澳回归前内地居民赴港澳旅游发展进程

改革开放初期，为加强内地与港澳地区的联系，国家开始“港澳探亲游”试点。1983 年 11 月 15 日，广东省开始组织省内居民赴港探亲旅游；1984 年 3 月 22 日，国务院批准由国务院侨务办公室、国务院港澳事务办公室、公安部联合上报的《关于拟组织归侨、侨眷和港澳台眷属赴港澳地区探亲旅行团的请示》，规定由中国旅行社总社委托各地的中国旅行社承办赴港澳地区旅行团的组织工作，港澳地区的中国旅行社负责当地的接待事务。此后，随着改革开放的不断深入，中国内地与港澳地区联系日益密切，内地居民赴港澳地区以探亲访友为主要内容的活动逐步演变成旅游观光活动，即真正意义上的“港澳游”。1996 年，内地赴香港旅游人数达 238.93 万人次；1998 年，内地赴澳门旅游人数达 81.68 万人次。

2.港澳回归后内地居民赴港澳旅游发展进程

香港回归后，内地居民到香港旅游、经商和探亲需求急剧增长，原有的香港游人数配额限制和三个旅游机构经营的管理模式已不能适应内地居民赴香港的需求。1998 年 7 月 6 日，国务院港澳事务办公室与香港特别行政区政府协商扩大内地赴香港旅游者数量，内地赴香港旅游人数限额由原来平均每天 900 人提高至每天 1500 人，全年人数达 54.8 万人次。受亚洲金融危机影响，1998 年入港游客量减少近 10%，而内地赴香港游客增长 13%，达 267 万人次，在港花费达 113.13 亿港元。亚洲金融危机后，香港继续得到旅游政策上的支持。2002 年 1 月 1 日，“香港游”配额限制完全取消。

但直到 2003 年 7 月前，内地居民只能以探亲、商务及参加旅行团的形式申请赴港澳旅游。

受 SARS 疫情强烈冲击，2003 年 4 月和 5 月访港游客人数分别大幅下降 64.8%和 67.9%，香港经济陷入衰退边缘。澳门经济同样也遭受重创。为了促进港澳经济复苏，中央人民政府与港澳特别行政区政府分别签署了《内地与香港关于建立更紧密经贸关系的安排》和《内地与澳门关于建立更紧密经贸关系的安排》（*Closer Economic Partnership Arrangement*，CEPA），允许内地部分城市居民个人赴港澳旅游（港澳自由行），使“港澳游”市场获得了一个前所未有的宽松环境（杜江和戴斌，2005）。中央人民政府决定，从 2003 年 7 月 28 日开始，广东省中山、东莞、江门、佛山 4 个城市开始试行办理常住居民个人赴港澳地区旅游，实行按需申请，申请次数不受限制。这 4 个试点城市常住居民个人赴港澳地区旅游，申请人仅凭本人身份证、户口簿即可向常住户口所在地公安机关出入境管理部门申请办理往来港澳通行证及访问签注。申请人领取通行证件后，可自行往来港澳地区。2003 年 12 月，国家旅游局组织 31 个省份旅游局局长赴港澳地区开展高层旅游交流活动，与香港特别行政区经济发展及劳工局在香港签署了《加强内地与香港更紧密旅游合作协议书》，标志着中国内地与香港在旅游事务上推进更紧密的合作与交流，为内地和香港旅游业界带来更多的商机，为 SARS 之后香港市场恢复注入新的活力。内地对港澳地区实施的旅游政策很好地支撑港澳地区旅游业的恢复，同时为内地居民个人前往港澳地区旅游、观光、购物、访友提供了便利，密切了内地与港澳地区人员往来和经济、文化及技术等方面的交流（表 2-3）。

表 2-3　内地居民赴港澳旅游政策演进

实施时间	政策	政策内容
1983 年 11 月 15 日	广东省人民政府决定试办省内居民赴香港探亲旅游业务	广东省开始组织省内居民赴港探亲旅游
1984 年 3 月 22 日	国务院批准《关于拟组织归侨、侨眷和港澳台眷属赴港澳地区探亲旅行团的请示》	开放内地居民赴港澳地区探亲旅游市场。赴港澳地区旅行团的组织工作统一由中国旅行社总社委托各地的中国旅行社承办

续表

实施时间	政策	政策内容
2002年1月1日	取消香港特别行政区旅游配额	取消"香港游"配额限制,"香港游"内地组团社由原来的4家扩大到所有获准经营内地居民出国游的67家旅行社
2003年7月28日	广东省人民政府《关于认真做好我省居民以个人身份赴港澳旅游有关工作的通知》	中山、东莞、江门、佛山四城市开始试办常住居民个人赴港澳地区旅游(港澳自由行)

受SARS疫情影响,2003年香港入境旅游人数下降6.21%,但内地赴香港旅游人数达846.72万人次,同比增长24.06%,占香港入境旅游人数的54.5%;澳门入境旅游人数下降5.77%,但内地赴澳门旅游人数达298.00万人次,同比增长14.37%,占澳门入境旅游人数的61.09%。

2004年5月1日,广东全省开放居民个人赴港澳游。2004年7月1日,港澳自由行政策实施范围扩大到福建、江苏、浙江3个省的9个城市。2004年年底,内地居民个人赴港澳地区旅游范围扩大到北京、上海、广东、福建、江苏、浙江6个省份的32个城市。截至2017年12月31日,全国共有49个城市开通港澳自由行(表2-4)。港澳自由行是中国内地出境旅游政策的新突破,有力地促进了港澳地区零售业、酒店业及交通运输业等相关行业的发展。

表2-4 内地已开放港澳自由行的城市

开放城市	开放时间
广东省:中山市、东莞市、江门市、佛山市	2003年7月28日
北京市;上海市;广东省:广州市、深圳市、珠海市、惠州市	2003年9月1日
广东省:汕头市、潮州市、梅州市、肇庆市、清远市、云浮市	2004年1月1日
广东省:韶关市、河源市、汕尾市、阳江市、湛江市、茂名市、揭阳市	2004年5月1日
浙江省:杭州市、宁波市、台州市;江苏省:南京市、苏州市、无锡市;福建省:厦门市、泉州市、福州市	2004年7月1日
天津市、重庆市(15区)	2005年3月1日
沈阳市、大连市、成都市、济南市	2005年11月1日
南昌市、长沙市、南宁市、汉口市、贵阳市、昆明市	2006年5月1日
武汉市、石家庄市、郑州市、长春市、合肥市	2007年1月1日

改革开放以来，内地对港澳实施的特殊的旅游开放战略，特别是 2003 年以来实施的港澳自由行政策，使内地赴港澳旅游人数快速增加。1998～2016 年，香港入境旅游人数由 1015.96 万人次增加至 5665.49 万人次，年均增长 10.02%；其中，内地赴香港游客人数由 267.16 万人次增加至 4277.81 万人次，年均增长 16.66%。2000～2016 年，澳门入境旅客由 916.2 万人次增加至 3095.03 万人次，年均增长 7.91%；其中，内地赴澳门游客由 227.47 万人次增加至 2045.41 万人次，年均增长 14.71%。1997～2016 年，内地赴香港旅游人数占香港接待入境游客人数的比重由 20.97%增加至 75.51%；1999～2016 年，内地赴澳门旅游人数占澳门接待入境游客人数的比重由 22.10%增加至 66.09%（表 2-5、表 2-6）。港澳回归以来，内地一直稳居港澳第一大入境旅游客源市场。

表 2-5　中国香港入境旅游发展情况（1996～2016 年）

年份	入境旅游人数					入境过夜游客消费				
	所有市场（万人次）	增长（%）	中国内地（万人次）	增长（%）	占比（%）	所有市场（亿港币）	增长（%）	中国内地（亿港币）	增长（%）	占比（%）
1996	1297.38	27.19	238.93	6.51	18.42	—	—	—	—	—
1997	1127.34	-13.11	236.42	-1.05	20.97	—	—	—	—	—
1998	1015.96	-9.88	267.16	13.00	26.30	394.11	—	113.14	—	28.71
1999	1132.83	11.50	320.65	20.02	28.30	386.25	-2.00	104.55	-7.59	27.07
2000	1305.95	15.28	378.58	18.07	28.99	407.94	5.62	132.35	26.59	32.44
2001	1372.53	5.10	444.86	17.51	32.41	407.89	-0.01	158.23	19.55	38.79
2002	1656.64	20.70	682.52	53.42	41.20	517.68	26.92	260.56	64.67	50.33
2003	1553.68	-6.21	846.72	24.06	54.50	487.78	-5.77	298.00	14.37	61.09
2004	2181.06	40.38	1224.59	44.63	56.15	611.42	25.35	339.41	13.90	55.51
2005	2335.94	7.10	1254.14	2.41	53.69	688.88	12.67	365.70	7.74	53.09
2006	2525.11	8.10	1359.13	8.37	53.82	759.26	10.22	396.79	8.50	52.26
2007	2816.93	11.56	1548.58	13.94	54.97	878.68	15.73	472.15	18.99	53.73

续表

年份	入境旅游人数					入境过夜游客消费				
	所有市场（万人次）	增长（%）	中国内地（万人次）	增长（%）	占比（%）	所有市场（亿港币）	增长（%）	中国内地（亿港币）	增长（%）	占比（%）
2008	2950.66	4.75	1686.20	8.89	57.15	942.06	7.21	532.43	12.77	56.52
2009	2959.07	0.28	1795.67	6.49	60.68	976.64	3.67	639.70	20.15	65.50
2010	3603.03	21.76	2268.44	26.33	62.96	1351.41	38.37	870.37	36.06	64.40
2011	4192.13	16.35	2810.01	23.87	67.03	1666.94	23.35	1117.88	28.44	67.06
2012	4861.51	15.97	3491.14	24.24	71.81	1858.41	11.49	1294.16	15.77	69.64
2013	5429.88	11.69	4074.53	16.71	75.04	2084.48	12.16	1527.30	18.01	73.27
2014	6083.90	12.04	4724.8	15.96	77.66	2210.48	6.04	1660.27	8.71	75.11
2015	5930.76	−2.52	4584.24	−2.97	77.30	1930.41	−12.67	1426.14	−14.10	73.88
2016	5665.49	−4.47	4277.81	−6.68	75.51	—	—	—	—	—

资料来源：中国香港旅游发展局《香港旅游业统计》（历年）。由于统计制度和方法存在差异，本表中内地赴香港旅游人数与国家旅游局公布的数据略有差异。

表 2-6　中国澳门入境旅游发展情况（1998～2016 年）

年份	入境旅游人数					入境游客人均消费	
	总体（万人次）	增长（%）	中国内地（万人次）	增长（%）	占比（%）	总体（澳门元）	中国内地（澳门元）
1998	694.85	—	81.68	—	11.8	1392	2796
1999	744.39	7.13	164.52	101.42	22.10	1373	2661
2000	916.22	23.08	227.47	38.26	24.83	1367	2401
2001	1027.90	12.19	300.57	32.14	29.24	1389	2648
2002	1153.08	12.18	424.04	41.08	36.77	1454	2655
2003	1188.79	3.10	574.20	35.41	48.30	1518	2847
2004	1667.26	40.25	952.97	65.96	57.16	1633	2991
2005	1871.12	12.23	1046.30	9.79	55.92	1523	3078
2006	2199.81	17.57	1198.56	14.55	55.48	1610	3215
2007	2699.30	22.71	1486.64	24.04	55.07	1637	3080
2008	2293.32	−15.04	1161.32	−21.88	50.64	1729	3571

续表

年份	入境旅游人数					入境游客人均消费	
	总体（万人次）	增长（%）	中国内地（万人次）	增长（%）	占比（%）	总体（澳门元）	中国内地（澳门元）
2009	2175.28	-5.15	1098.95	-5.37	50.52	1616	3040
2010	2496.54	14.77	1322.91	20.38	52.99	1518	2039
2011	2800.23	12.16	1616.27	22.18	57.72	1619	2048
2012	2808.23	0.29	1690.25	4.58	60.19	1864	2385
2013	2932.48	4.42	1863.22	10.23	63.54	2030	2563
2014	3152.56	7.50	2125.24	14.06	67.41	1959	2354
2015	3071.46	-2.57	2041.06	-3.96	66.45	1665	1965
2016	3095.03	0.77	2045.41	0.21	66.09	1701	1975

注：2010年以前游客人均消费数据按样本结果计算，2010年开始按推算结果计算。

资料来源：中国澳门统计暨普查局《澳门旅游统计》（历年）。由于统计制度和方法存在差异，本表中内地赴澳门旅游人数与国家旅游局公布的数据略有差异。

二、大陆居民赴台湾旅游发展进程

20世纪80年代以来，海峡两岸关系逐步从对峙、对抗走向缓和与密切。尤其是大陆一直积极鼓励台湾同胞探亲访友、观光旅游、投资经商、求学就业，促进台湾同胞到大陆观光旅游与探亲经商的人数不断增多，2005年已突破400万人次。多年来，受台湾当局有关规定限制，大陆居民无缘赴台旅游，一直是台湾同胞单向赴大陆旅游，这种局面直到2008年才得以改变。

1.大陆居民赴台湾团队旅游发展进程

2001年12月10日，台湾当局出台《大陆地区人民来台从事观光活动许可办法》，将大陆居民分成三类：第一类是在大陆生活工作的大陆居民；第二类是出访其他国家或地区的大陆居民；第三类是在其他国家或地区工作、学习、定居的大陆居民，2002年1月先开放所谓“第三类大陆居民”赴台旅游。2002年5月开放所谓“第二类大陆居民”赴台旅游。但是，附加了“团进团出”、限制活动时间、不得变更行程等限制，使这两类人员赴台旅游十分有限。

2008 年 6 月，两岸“两会”（海峡两岸关系协会，简称“海协会”；台湾海峡交流基金会，简称“海基会”）恢复协商。为增进海峡两岸人民交往、促进海峡两岸旅游往来，海协会会长陈云林与海基会董事长江丙坤于 2008 年 6 月 13 日在北京市签署《海峡两岸包机会谈纪要》与《海峡两岸关于大陆居民赴台湾旅游协议》。双方同意大陆居民赴台旅游以组团方式实施，采取“团进团出”形式。2008 年 6 月 21 日，《大陆居民赴台湾地区旅游注意事项》、《大陆居民赴台湾地区旅游领队人员管理办法》及《大陆居民赴台湾地区旅游团名单表》管理办法发布，为规范与管理大陆居民赴台旅游创造了制度条件。根据该协议附件，自 2008 年 7 月 18 日起台湾正式实施大陆居民赴台旅游。北京、天津、辽宁、上海、江苏、浙江、福建、山东、湖北、广东、重庆、云南、陕西 13 个省份为大陆居民赴台湾团队旅游第一批开放区域。2008 年 7 月 4 日，首发团游客搭乘首批周末包机从北京市、上海市、广州市、厦门市和南京市启程赴台，结束了两岸单向旅游历史，揭开了大陆居民赴台湾旅游的序幕。

2008 年 9 月 4 日，台湾通过“‘小三通’[①]正常化推动方案”，进一步开放大陆旅客经由金门、马祖“小三通”中转台湾本岛。相关政策调整措施于 2008 年 9 月底前完成并实施。而澎湖“小三通”常态化也于 2008 年 10 月中旬开始实施。经双方许可赴台湾观光的大陆旅客及经许可赴台湾从事商务或专业交流活动的大陆人士，都可以经由“小三通”中转往返两岸。开放赴台湾旅游的 13 个省份居民赴金门、马祖、澎湖旅游，并经金门、马祖、澎湖赴台湾本岛旅游，是继福建居民赴金门、马祖、澎湖旅游和赴台湾旅游之后的又一个促进两岸旅游交流合作的重要举措。

2008 年 11 月 4 日，海协会和海基会在台北市就两岸海运直航、空运直航、直接通邮（“大三通”[②]）签署了协议，2008 年 12 月 15 日全面启动两岸海运

① 台湾当局在两岸未能事先磋商的情况下于 2000 年 12 月 13 日单方面批准的《试办金门马祖与大陆地区通航实施办法》，俗称“小三通”。

② “大三通”是海峡两岸直接“通邮、通商、通航”的简称，最早是由全国人民代表大会常务委员会在 1979 年元旦发表的《告台湾同胞书》中提出的。

直航、空运直航、直接通邮，宣告两岸“大三通”时代来临。大陆居民赴台湾旅游更加便捷。2009 年 1 月 20 日，新增河北、山西和吉林等 12 个省份为第二批大陆居民赴台湾团队旅游区域。2010 年 7 月 18 日，新增内蒙古、西藏和新疆等 6 省份为第三批大陆居民赴台湾团队旅游区域。至此，大陆 31 个省份赴台湾团队旅游全面开放，大陆赴台湾旅游组团社增至 216 家。

2.大陆居民赴台湾个人旅游发展进程

一方面，由于两岸关系的特殊性与敏感性，在开放大陆居民赴台旅游问题上，不论是两岸签署的大陆居民赴台湾旅游协议，还是台湾的有关政策，均有许多限制。例如，大陆居民赴台湾旅游人数平均每日不超过 3000 人次，只能“团进团出”，每团人数应在 10～40 人。这种严格的规定制约了大陆居民赴台湾旅游，特别是无法实现深度台湾游。另一方面，香港与内地协商开放内地居民香港自由行旅游，吸引大批内地居民赴香港自由行，带动了赴香港旅游热，繁荣了经济，扩大了就业，这对台湾有很强的刺激效应。在此背景下，台湾也十分希望通过开放大陆居民赴台湾自由行旅游，改善处境困难的台湾经济。经过海峡两岸旅游交流协会（简称“海旅会”）、台湾海峡两岸观光旅游协会（简称“台旅会”）及两岸“两会”协商，达成大陆居民赴台湾自由行共识，但采取较为谨慎的“试行”或逐步小幅开放做法。

2011 年 6 月 12 日，国家旅游局发布《关于开展大陆居民赴台湾地区个人旅游的通知》，宣布开放大陆居民赴台湾个人旅游。北京市、上海市、厦门市为第一批试点城市。2011 年 7 月 29 日，福建省居民赴金门、马祖、澎湖地区个人游启动。2012 年 4 月 1 日，国家旅游局宣布开放杭州和成都等 10 个城市为第二批试点城市。2013 年 6 月 16 日，海旅会会长邵琪伟在第五届海峡论坛上宣布，经两岸协商，开放沈阳和郑州等 13 个城市为第三批试点城市。2014 年 7 月 18 日，在吉林省长春市举行的第六届海峡两岸旅游交流圆桌会议公布了第四批大陆居民赴台个人旅游的 10 个试点城市（包括哈尔滨市和太原市等）。2015 年 3 月 18 日，海旅会、台旅会公布增加开放第五批试点城市，包括海口市等 11 个城市。自 2011 年启动大陆居民赴台湾个人旅游以来，共开放了5批47个试点城市赴台湾个人旅游及海峡西岸经济区20个城市赴金门、马祖、澎湖地区个人旅游（表2-7）。

表2-7 大陆居民赴台湾旅游政策演进

开放时间	开放政策	开放区域或对象
2008年7月18日	实施第一批赴台湾团队旅游	北京、天津、辽宁、上海、江苏、浙江、福建、山东、湖北、广东、重庆、云南和陕西13个省份
2008年6月17日	公布第一批指定经营大陆居民赴台湾旅游业务的旅行社	北京市（11家）、天津市（1家）、辽宁省（1家）、上海市（2家）、江苏省（2家）、浙江省（3家）、福建省（3家）、山东省（1家）、湖北省（1家）、广东省（5家）、重庆市（1家）、云南省（1家）、陕西省（1家），共33家
2009年1月20日	实施第二批赴台湾团队旅游	新增河北、山西和吉林等12个省份
2009年2月26日	公布第二批指定经营大陆居民赴台湾旅游业务的旅行社	包括25个省份的113家旅行社
2010年5月	互设旅游办事处	5月4日，台旅会在北京市设立旅游办事处；5月7日，海旅会在台北市设立旅游办事处
2010年7月18日	实施第三批赴台湾团队旅游	新增内蒙古、西藏、甘肃、青海、宁夏、新疆6个省份
2010年7月18日	公布第三批指定经营大陆居民赴台湾旅游业务的旅行社	内蒙古自治区（2家）、西藏自治区（2家）、甘肃省（2家）、青海省（2家）、宁夏回族自治区（2家）、新疆维吾尔自治区（2家）、新疆生产建设兵团（1家），北京市（2家），天津市（2家），山东省（1家），共18家
2011年6月13日	试点开放“厦门—金门”一日游	在厦门市暂住非福建省籍人员可申请赴金门一日游
2011年6月28日	试点开放第一批赴台湾个人旅游城市（3个）	北京市、上海市、厦门市
2011年7月29日	开放福建省居民赴金门、马祖、澎湖个人游	包括福州市、厦门市、泉州市、漳州市、莆田市、龙岩市、三明市、南平市、宁德市的福建省全境
2011年11月7日	开放大陆居民直系亲属异地参加赴台湾旅游团和赴台湾游组团社承接单一机构跨区域赴台湾团队游	大陆居民直系亲属异地参加赴台湾旅游团；赴台湾游组团社承接单一机构跨区域赴台湾团队游
2012年4月1日	试点开放第二批赴台湾个人旅游城市（10个）	天津市、重庆市、南京市、广州市、杭州市、成都市（2012年4月28日正式启动）；济南市、西安市、福州市、深圳市（2012年8月28日正式启动）
2012年6月17日	试点开放“泉州—金门”一日游	福建省外在泉州市的暂住人口可申请赴金门一日游
2012年6月17日	台旅会北京办事处在上海市设立分支机构	上海市

续表

开放时间	开放政策	开放区域或对象
2012 年 7 月 31 日	公布第四批指定经营大陆居民赴台湾旅游业务的旅行社	包括 28 个省份的 52 家旅行社
2012 年 8 月 28 日	开放海峡西岸经济区赴金门、马祖、澎湖个人游	在福建省 9 个地级市基础上，新增浙江省温州市、丽水市、衢州市，江西省上饶市、鹰潭市、抚州市、赣州市，广东省梅州市、潮州市、汕头市、揭阳市 11 个城市
2012 年 9 月 1 日	京、沪等 6 个城市非户籍人员可申请赴台湾个人游	在北京、上海、天津、重庆、广州和深圳 6 个城市符合条件的非户籍就业人员和高校在读大学生也可申请赴台湾个人游
2013 年 6 月 16 日	试点开放第三批赴台湾个人旅游城市（13 个）	沈阳市、郑州市、武汉市、苏州市、宁波市、青岛市（2013 年 6 月 28 日正式启动）；石家庄市、长春市、合肥市、长沙市、南宁市、昆明市和泉州市（2013 年 8 月 28 日正式启动）
2014 年 7 月 18 日	试点开放第四批赴台湾个人旅游城市（10 个）	太原市、漳州市、温州市、哈尔滨市、大连市、烟台市、贵阳市、无锡市、南昌市、中山市（2014 年 8 月 18 日正式启动）
2015 年 3 月 18 日	试点开放第五批赴台湾个人旅游城市（11 个）	海口市、呼和浩特市、兰州市、银川市、常州市、舟山市、惠州市、威海市、龙岩市、桂林市、徐州市（2015 年 4 月 15 日正式启动）

试点开放大陆居民赴台湾个人旅游，拓宽了大陆居民赴台湾旅游渠道，激发了大陆居民赴台湾旅游热情。2015 年，大陆赴台湾旅游总人数达 322.15 万人次。其中，团队旅游人数达 188.67 万人次，个人旅游人数达 133.48 万人次。截至 2015 年 12 月，大陆居民赴台湾团队旅游累计达 1047.47 万人次，个人旅游累计达 325.80 万人次。大陆已稳居台湾第一大旅游客源市场。

2016 年，大陆居民赴台湾旅游总人数达 264.83 万人次，大幅下降 17.80%。其中，团队旅游达 133.97 万人次，大幅下降 28.90%；个人旅游达 130.86 万人次，增速大幅下降至 1.96%（表 2-8）。

表 2-8　大陆居民赴台湾旅游人数　　（单位：万人次）

年份	赴台湾总人数	赴台湾旅游人数	个人旅游人数
2008	32.92	9.47	—
2009	97.21	60.61	—
2010	163.07	117.50	—
2011	178.42	125.33	3.03

续表

年份	赴台湾总人数	赴台湾旅游人数	个人旅游人数
2012	258.64	197.38	19.11
2013	287.47	218.94	52.24
2014	398.71	321.89	117.94
2015	418.41	322.15	133.48
2016	351.17	264.83	130.86

资料来源：台湾交通行政管理部门、台湾海峡两岸观光旅游协会。由于统计制度和方法存在差异，本表中大陆赴台湾旅游人数与国家旅游局公布的数据略有差异。

三、中国公民出国旅游发展概况

20 世纪 80 年代末期兴起的边境旅游是中国公民出国旅游发展的雏形。1987 年 11 月，国家旅游局和对外经济贸易部批准辽宁省丹东市对朝鲜新义州市的“一日游”，开启了中国边境旅游[①]发展的序幕。1988 年，国务院批准允许公民赴泰国探亲旅游。这是中国公民出国旅游的起点。90 年代开始，中国逐步放开公民自费出国旅游。之后，国家陆续出台《关于组织我国公民赴东南亚三国旅游的暂行管理办法》《中国公民自费出国旅游管理暂行办法》《中国公民出国旅游管理办法》等出国旅游政策（表 2-9）。尽管上述相关政策出台的主要目的是实现国家对出国旅游进行宏观调控、确保适度发展，但在逐步放松的出国旅游政策的推动下，中国公民出国旅游开始兴起。

表 2-9　中国公民出国旅游政策演进

实施时间	政策/法规	主要内容
1990 年 10 月 30 日	《关于组织我国公民赴东南亚三国旅游的暂行管理办法》	授权中国国际旅行社总社、中国旅行社总社、中国青年旅行社总社、广东海外旅游总公司、广东省中国旅行社、福建海外旅游实业总公司、福建省中国旅行社承办中国公民赴泰国、新加坡、马来西亚的探亲旅游业务

①国家相继批准在黑龙江、内蒙古、辽宁、吉林、新疆、云南和广西等省份与俄罗斯、蒙古、朝鲜、哈萨克斯坦、吉尔吉斯斯坦、缅甸、老挝及越南等国家开展边境旅游。

续表

实施时间	政策/法规	主要内容
1997年7月1日	《中国公民自费出国旅游管理暂行办法》	中国公民自费出国旅游主要以团队形式进行； 国家旅游局会同外交部、公安部提出出国旅游的目的地国家和地区，报国务院审批； 中国公民自费出国旅游必须有组织、有计划、有控制地发展； 国家旅游局审批特许经营中国公民自费出国旅游业务的旅行社（简称“组团社”）； 未经批准的单位和个人不得经营此项业务； 组团社按照国家旅游局核定的出国旅游配额人数组团
1997年10月15日	《边境旅游暂行管理办法》	除《中华人民共和国公民出境入境管理办法》第八条规定的人员外，我国公民均可参加边境旅游； 边境旅游的时间从一日游延伸到多日游
2002年7月1日	《中国公民出国旅游管理办法》	任何单位和个人不得组织中国公民到国务院旅游行政部门公布的出国旅游目的地国家以外的国家旅游； 旅行社经营出国旅游业务，必须取得出国旅游业务经营资格； 国务院旅游行政部门根据上年度全国入境旅游的业绩、出国旅游目的地的增加情况和出国旅游的发展趋势，在每年的2月底以前确定本年度组织出国旅游的人数安排总量，并下达省份旅游行政部门

中国公民出国旅游发展的初始阶段（20世纪90年代），中国公民出国旅游规模较小。进入21世纪以来，随着中国经济社会的持续发展、国民收入水平的快速增长和对外开放的不断深入，世界各国纷纷出台吸引中国游客的政策措施，中国公民出国旅游持续高速增长，出国旅游成为人们出游的重要选项。2001年，中国公民出国旅游人数达501.52万人次。2006年，中国公民出国旅游人数达1029.46万人次，5年时间增长了1倍，年均增长15.47%。2011年，中国公民出国旅游人数达2031.90万人次。2016年，中国公民出国旅游人数已达5168.82万人次。2007～2016年，除了2008年、2009年受国际金融危机冲击中国公民出国旅游人数增长率较低之外，其余8年中国公民出国旅游人数均保持15%以上的高速增长（图2-8）。

从图2-9可以看出，目前仍以日本、韩国、泰国、新加坡、马来西亚等中近程目的地为主，远程目的地主要集中在美国和澳大利亚。2001～2011年，赴中近程目的地的游客所占份额保持在40%左右，2012年以来这一份额显著

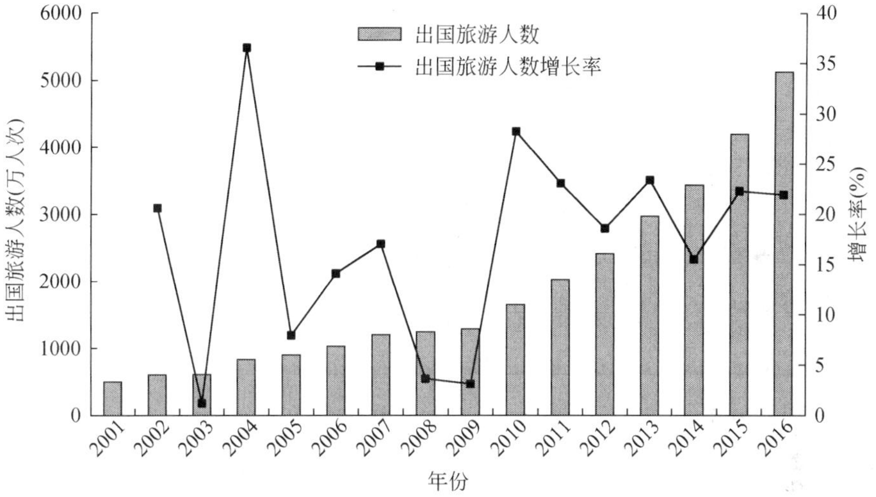

图 2-8 中国公民出国旅游人数及增长率

增加，2015～2016 年这一份额超过 50%。2001～2011 年，赴远程目的地的游客所占份额总体保持在 10%左右，但 2012 年以来这一份额呈小幅下降走势，由 2012 年的 10.17%下降至 2016 年的 8.45%。随着中国游客出国旅游经历的逐步丰富，越来越多的游客开始偏向于寻求新的目的地、新的文化体验，中国公民出国旅游目的地分散化趋势也将更加明显。

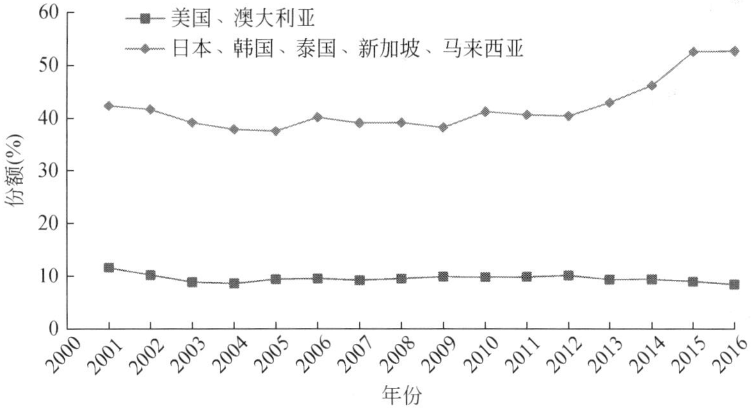

图 2-9 中国公民出国旅游目的地结构

第四节　本 章 小 结

1994 年以来，随着人民币汇率形成机制改革的逐步深入，人民币兑美元、英镑和欧元等主要货币的双边汇率波动性显著增强，呈现总体升值兼阶段性贬值的特点，但人民币兑不同货币汇率波动的步调并不一致。

中国入境旅游于改革开放初期开始起步。1978～2007 年，随着建立在差异性基础之上的“封闭红利”的集中释放，中国入境旅游总体保持较高速增长。但随着“封闭红利期”的结束，加上 2008 年国际金融危机的冲击，中国入境旅游从长期高速增长期进入波动下行期，2015 年以来，中国入境旅游触底反弹走势初步显现并逐渐复归常态化增长。

20 世纪 90 年代末期以来，受中国出境旅游政策的逐步放开及中国国民经济的持续增长、主要目的地国家和地区签证放宽与市场促销策略等诸多有利因素的影响，中国出境旅游保持快速发展状态。内地赴港澳旅游人数保持长期的高速增长，但 2015 年以后增速明显放缓。其中，2015 年、2016 年内地赴香港旅游人数连续两年负增长，2016 年内地赴澳门旅游人数也仅增长 3%。大陆居民赴台湾旅游人数经过连续 6 年高速增长之后增速明显放缓，2016 年赴台湾旅游人数大幅下降。21 世纪以来，中国公民出国旅游需求不断释放，中国公民出国旅游快速发展。尤其是 2010 年以来，中国公民出国旅游人数连续 7 年保持 15%以上的增速。

第三章　汇率波动对出入境旅游的效应与作用机理

第一节　汇率波动的贸易效应

一、汇率波动的贸易效应理论推导

传统的国际收支理论认为，当汇率波动时，以外币表示的出口商品价格和以本币表示的进口商品价格也会发生变化，并引起进出口商品供求关系的变动，进而导致进出口数量及贸易收支结构变化。当本币升值时，出口商品的外币价格上涨，外国对本国产品的需求减少；同时本国从外国进口商品的本币价格下降，本国对进口商品的需求增加。因此，本币升值会恶化本国国际收支状况。反之，当本币贬值时，出口商品的外币价格下降，本国出口增加；而进口产品的本币价格上涨，本国进口减少。因此，本币贬值会改善本国国际收支状况。

假定进出口额由进出口商品的相对价格和进出口量决定，而消费者收入、其他商品价格和消费偏好等影响进出口的其他因素保持不变。

先看出口市场情况。在出口市场上，出口供给（x^{s}）是本币价格 p_x 的增函数，用 $x^{\mathrm{s}}=x^{\mathrm{s}}(p_x)$ 表示，其中 p_x 为出口本币价格；出口需求（x^{d}）是外币价格的减函数，用 $x^{\mathrm{d}}=x^{\mathrm{d}}(p_x^*)$ 表示。其中，出口外币价格 $p_x^*=\frac{p_x}{r}$；r 是汇率，这里采用直接标价法，即一单位外币可兑换的本币数量，r 增加表示本币对外币贬

值。出口市场均衡条件为

$$x^{s}(p_x)-x^{d}(p_m^*)=0 \tag{3-1}$$

再看进口市场情况。在进口市场上，进口供给（m^s）是外币价格的增函数，用 $m^s=m^s(p_m^*)$ 表示；进口需求（m^d）是本币价格的减函数，用 $m^d=m^d(p_m)$ 表示。其中，进口外币价格 $p_m^*=\frac{p_m}{r}$ 。进口市场均衡条件为

$$m^s(p_m^*)-m^d(p_m)=0 \tag{3-2}$$

以本币表示的贸易收支为

$$B=p_x x^s(p_x)-p_m m^d(p_m) \tag{3-3}$$

将式（3-1）～式（3-3）两边分别对汇率 r 求导，分别得到式（3-4）～式（3-6）：

$$\frac{\mathrm{d}x^s}{\mathrm{d}p_x}\frac{\mathrm{d}p_x}{\mathrm{d}r}-\frac{\mathrm{d}x^d}{\mathrm{d}p_x^*}\left(\frac{r\frac{\mathrm{d}p_x}{\mathrm{d}r}-p_x}{r^2}\right)=0 \tag{3-4}$$

$$\frac{\mathrm{d}m^s}{\mathrm{d}p_m^*}\left(\frac{r\frac{\mathrm{d}p_m}{\mathrm{d}r}-p_m}{r^2}\right)-\frac{\mathrm{d}m^d}{\mathrm{d}p_m}\frac{\mathrm{d}p_m}{\mathrm{d}r}=0 \tag{3-5}$$

$$\frac{\mathrm{d}B}{\mathrm{d}r}=p_x\frac{\mathrm{d}x^s}{\mathrm{d}p_x}\frac{\mathrm{d}p_x}{\mathrm{d}r}+x^s\frac{\mathrm{d}p_x}{\mathrm{d}r}-p_m\frac{\mathrm{d}m^d}{\mathrm{d}p_m}\frac{\mathrm{d}p_m}{\mathrm{d}r}-m^d\frac{\mathrm{d}p_m}{\mathrm{d}r} \tag{3-6}$$

令出口需求弹性 $\eta_x=-\frac{\mathrm{d}x^d}{\mathrm{d}p_x^*}\frac{p_x^*}{x^d}$，出口供给弹性 $\varepsilon_x=\frac{\mathrm{d}x^s}{\mathrm{d}p_x}\frac{p_x}{x^s}$，进口需求弹性 $\eta_m=-\frac{\mathrm{d}m^d}{\mathrm{d}p_m}\frac{p_m}{m^d}$，进口供给弹性 $\varepsilon_m=\frac{\mathrm{d}m^s}{\mathrm{d}p_m^*}\frac{p_m^*}{m^s}$ 。考虑到均衡情况下 $x^s=x^d$ 、$m^s=m^d$，并且 $p_x=rp_x^*$、 $p_m=rp_m^*$。由式（3-4）～式（3-6）可以得到：

汇率波动引起的出口价格变动 $\frac{\mathrm{d}p_x}{\mathrm{d}r}=\frac{p_x}{r}\frac{\eta_x}{\varepsilon_x+\eta_x}>0$

汇率波动引起的进口价格变动 $\frac{\mathrm{d}p_m}{\mathrm{d}r}=\frac{p_m}{r}\frac{\varepsilon_m}{\varepsilon_m+\eta_m}>0$

汇率波动引起的贸易收支变动 $\frac{\mathrm{d}B}{\mathrm{d}r}=\frac{X}{r}\frac{\eta_x(1+\varepsilon_x)}{\varepsilon_x+\eta_x}+\frac{M}{r}\frac{\varepsilon_m(\eta_m-1)}{\varepsilon_m+\eta_m}$ （3-7）

如果最初贸易是平衡的，即 $B=X-M=0$，其中 X 与 M 分别表示出口额与进口额。要使本币贬值能够改善贸易收支，即 $\frac{\mathrm{d}B}{\mathrm{d}r}>0$，必须使：

$$\frac{\eta_x(1+\varepsilon_x)}{\varepsilon_x+\eta_x}+\frac{\eta_m(1+\varepsilon_m)}{\varepsilon_m+\eta_m}>1 \tag{3-8}$$

式（3-8）是本币贬值改善贸易收支的毕肯戴克-罗宾逊-梅茨勒条件（Bickerdike-Robinson-Metzler condition），即本币贬值能否改善贸易收支不仅取决于进出口商品需求价格弹性，还取决于进出口商品供给价格弹性。

当本国生产者向他国出口产品的供给弹性和他国生产者向本国出口产品的供给弹性都无穷大，即本币贬值导致出口增加之后，出口商品的本国供给价格将保持不变。在 $\varepsilon_x\to 0$、$\varepsilon_m\to 0$ 的情况下，对式（3-8）求极限，可以得到：

$$\eta_x+\eta_m>1 \tag{3-9}$$

式（3-9）是本币贬值改善贸易收支的马歇尔-勒纳条件（Marshall-Lerner condition），即本币贬值改善贸易收支的充要条件是进出口商品需求价格弹性之和大于 1。显然，马歇尔-勒纳条件是毕肯戴克-罗宾逊-梅茨勒条件中进出口商品供给价格弹性趋于无穷大时的特殊情形。

需要注意的是，以上理论分析并没有考虑时滞问题。实际中，汇率波动造成的商品价格变化对国际贸易的影响存在“时滞效应”。当一国货币贬值后，企业会根据汇率波动调整进出口商品价格、产量和贸易量。在实际经济中，由于货币合同、汇率传递及商品数量调整的滞后，本币贬值在最初可能会使该国贸易收支恶化；经过一段较长时间调整之后，该国贸易收支才会逐渐改善，即存在 J 曲线效应（图 3-1）。

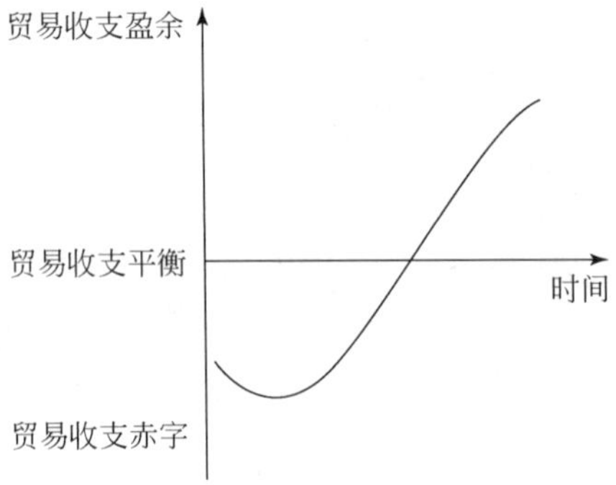

图 3-1　J 曲线效应

二、汇率波动的贸易效应研究综述

随着经济逐渐开放和外部冲击的不断增多，选择更加富有弹性的汇率制度成为各国在汇率制度选择中的主流趋势。尤其是布雷顿森林体系崩溃后，各国之间的汇率波动显著上升，汇率波动与贸易的关系引起了广泛关注和争论。

Clark（1973）、Baron（1976a）认为，汇率波动对国际贸易量具有负向影响。因为在签订贸易合同时价格是固定的，而结算发生在未来交割货物时。如果汇率波动大、难以预期并且缺少保值工具，为了规避风险，贸易企业会减少贸易。而如果企业可以选择期汇交易等金融工具对冲汇率波动带来的风险，那么汇率波动并不会显著减少国际贸易量(Baron，1976b)。但 de Grauwe(1988) 认为，规避风险并不能充分说明汇率波动对国际贸易的负向影响，汇率的不确定性与企业风险厌恶水平有关。汇率波动对国际贸易的影响具有相反作用的收入效应和替代效应。汇率波动对国际贸易影响的总效应取决于企业风险厌恶水平。Franke（1991）、Broll 和 Eckwert（1999）认为，汇率波动会使出口企业获得更多收益，因此，汇率波动有助于国际贸易发展。通过上述理论文献梳理可以发现，汇率波动对国际贸易的影响尚无统一结论。

现有实证研究可分为三类：一是基于一国贸易总量数据研究汇率波动对该国贸易的总体效应；二是基于分部门（如分行业与企业类型）贸易数据研究汇

率波动对部门贸易的效应；三是基于双边贸易总量数据研究汇率波动对双边进出口的效应。针对发达国家的研究，Asseery 和 Peel（1991）、Bredin 等（2003）研究发现，汇率波动能够促进出口；Perée 和 Steinherr（1989）、Chowdhury（1993）、Byrne 等（2008）指出，汇率波动对国际贸易具有显著的负面影响；而 Aristotelous（2001）、Tenreyro（2007）及 Baum 和 Caglayan（2010）的研究未发现汇率波动显著影响国际贸易的证据。Chou（2000）、Arize 等（2000）、Sauer 和 Bohara（2001）、Hall 等（2010）、Chipili（2013）基于欠发达国家的研究表明，汇率波动不利于出口。

谷宇和高铁梅（2007）研究发现，长期来看，汇率波动对中国出口具有负向影响而对中国进口具有正向影响。叶永刚等（2006）研究发现，人民币有效汇率对中美贸易收支和中日贸易收支的影响不同。李广众和 Voon（2004）、陈云和何秀红（2008）考察了汇率波动对不同行业出口贸易的效应。结果表明，行业不同结论明显不同。陈六傅等（2007）研究发现，人民币实际汇率风险对企业出口存在正向或负向影响，但负向影响更加显著。李宏彬等（2011）、许家云等（2015）使用中国制造业企业微观数据研究发现，人民币实际有效汇率升值对企业进出口均具有显著负效应。

还有学者研究了汇率波动对双边贸易总量的影响。陈平和熊欣（2002）通过中国主要贸易国（地区）截面数据分析发现，进口国汇率波动显著降低了中国出口。潘红宇（2007）采用时间序列数据分析方法研究发现，从长期看，汇率波动的增加会显著降低中国对美国和欧盟的出口，中国向日本的出口与汇率波动无关。李文军和张巍巍（2010）从分国别（地区）视角研究了人民币汇率波动对中国与主要贸易伙伴之间贸易量的影响。研究发现，人民币兑一国货币升值会导致中国从该国的进口下降。王雪等（2016）基于中国与美国、欧洲、日本双边出口贸易数据研究发现，双边贸易除了受双边汇率波动的负面影响外，还受第三国汇率因素的影响。

通过上述文献的梳理可以发现，相关研究并未达成一致结论，通常对样本选择、模型设定、研究方法、样本期间、数据类型（总量数据或结构数据）及汇率波动的代理变量十分敏感。

第二节　汇率波动对出入境旅游的效应综述

汇率是出入境旅游者目的地选择的重要影响因素之一（Dritsakis，2004a；Schiff 和 Becken，2011；Webber，2001）。汇率波动对一国出入境旅游收支或出入境旅游人数的影响一直是旅游需求研究的重要议题。

大量文献基于时间序列数据探讨汇率波动对出入境旅游人数、入境旅游收入或出境旅游花费的影响。Webber（2001）指出，汇率波动是长期旅游需求的重要影响因素。为了规避汇率剧烈波动带来的风险，游客会取消、推迟出游计划或转移到其他旅游目的地。Dritsakis（2004a）采用 1960～2000 年德国及英国赴希腊旅游人数年度时间序列数据，通过 ADF 单位根检验和 Johansen 协整检验发现，本币贬值对本国入境旅游具有显著促进作用。Vogt（2008）基于 1973～2002 年美国旅游服务贸易进出口需求年度数据，使用单位根检验和误差修正模型实证检验美国旅游服务贸易进出口需求的影响因素。结果表明，美国出境游客对美元汇率波动十分敏感，而美国入境游客对美元汇率不敏感。Cheng 等（2013a）基于 1973～2010 年美国入境旅游收入和出境旅游花费季度数据，构建向量自回归模型，使用脉冲响应函数和方差分解技术检验美国入境旅游收入和出境游花费的影响因素。研究发现，美元贬值能够显著提高美国入境旅游收入，但美元贬值对美国出境旅游花费并没有显著影响。也就说赴美国旅游的外国游客对美元汇率较为敏感，而美国游客出境旅游需求对美元汇率波动并不敏感。宋瑞（2015）采用美国 1980～2014 年美国旅游服务贸易额年度数据，运用向量自回归模型证实，美国旅游服务贸易额与美元指数负相关，美元指数在短期内走强则不会影响美国旅游服务贸易额增长。但 Chadeeand 和 Mieczkowski（1987）基于加拿大入境旅游数据研究表明，汇率波动对入境旅游的影响并不显著。Ouerfelli（2008）基于 1982～2004 年突尼斯入境旅游季度数据研究发现，汇率波动因客源国不同而产生不同影响。

而汇率波动对旅游服务贸易收支的影响也受到部分学者的关注。Cheng 等（2013b）基于 1973～2007 年美国旅游服务贸易收支季度数据，采用结构向量自回归模型研究指出，没有证据显示美元贬值初期会使美国旅游服务贸易收支恶化，即并不存在 J 曲线效应。Chi（2015）基于 1960～2011 年美国旅游服务贸易收支数据，采用自回归分布滞后模型检验了汇率对美国旅游服务贸易差额的长期和短期影响。研究发现，长期来看美元贬值有助于改善美国旅游服务贸易差额，但短期内美元汇率波动不会显著影响美国旅游服务贸易差额。Akay 等（2015）基于 1998～2011 年土耳其旅游贸易收支季度数据，分别使用 Johansen 极大似然估计技术和误差修正模型检验土耳其里拉汇率波动对土耳其旅游贸易差额的长期和短期影响。研究表明，从长期来看土耳其里拉汇率对土耳其旅游贸易差额具有正向影响，从短期来看土耳其里拉汇率对土耳其旅游贸易差额的影响并不显著；此外，土耳其里拉汇率贬值在短期内并不会造成土耳其旅游贸易收支恶化，也就是说土耳其旅游服务贸易中同样并不存在 J 曲线效应。

Eilat 和 Einav（2004）基于 1985～1998 年全球出入境旅游流年度面板数据，使用多元 logit（multinomial logit）离散选择模型检验汇率波动、政治风险等变量对双边旅游流的影响。研究发现，汇率波动对发达国家入境旅游流具有显著影响，发达国家入境旅游流的汇率弹性约等于 1；但汇率波动对欠发达国家入境旅游流的影响并不显著。Seetaram（2010）采用 1991～2007 年澳大利亚 10 个主要旅游客源国赴澳旅游人数年度面板数据，运用动态面板数据协整检验和修正的最小二乘虚拟变量估计（least square dummy variable，LSDV）方法研究发现，短期内澳大利亚入境旅游需求对汇率变动不敏感，但长期来看是富有弹性的。Martins 等（2017）基于 1995～2012 年全球 218 个国家入境旅游人数和入境游客花费年度面板数据，使用面板数据泊松回归（Poisson regression）模型的极大似然估计技术检验汇率、相对价格等宏观经济变量对入境旅游人数及入境游客花费的影响。研究发现，本币贬值能够显著促进本国入境旅游人数和入境游客花费的增长。

Santana-Gallego 等（2010）以 OECD 国家为旅游客源国、以包括 OECD 国家在内的 113 个国家为旅游目的地国家构建 1995～2004 年双边旅游流决定因素模型，实证检验汇率制度对旅游流的影响。结果表明，保持相对稳定的汇率制度有利于双边旅游的发展。de Vita（2014）采用 1980～2011 年 27 个 OECD

国家及非 OECD 国家的出入境旅游流年度面板数据，运用系统广义矩估计（system generalized methods of moments，SYS-GMM）方法研究汇率制度对出入境旅游流的长期影响。研究同样发现，保持汇率相对稳定有利于吸引更多的国际游客。

由于研究对象、样本期间、变量设定、数据类型以及研究方法的差异，相关研究并未得到一致的实证结论。

第三节　汇率波动对出入境旅游的作用机理

一、汇率波动对价格的传导效应

布雷顿森林体系崩溃后，主要发达国家货币汇率波动更加剧烈，但是汇率波动并未像预期的那样发挥有效调节国际贸易收支的作用，出现了“调节之谜（exchange rate adjustment puzzle）”，即汇率并未能有效发挥调整国际贸易收支的作用。实际上，传统的关于汇率波动能够调整国际贸易收支的研究建立在汇率完全传导的基础上。也就是说，汇率波动能够完全反映到贸易商品价格上。如果汇率传导不完全，即贸易商品价格及贸易数量对汇率波动不敏感，汇率波动对国际贸易收支的调整将受到阻碍。

汇率传导效应（exchange rate pass-through）指双边汇率波动对双边贸易商品价格的影响程度。经典的汇率传导理论建立在一价定律（the law of one price）①基础上。假定本国为贸易小国，那么在没有运输成本和官方贸易壁垒的自由竞争市场上，国际套利将使不同国家同种商品以同种货币表示的价格相等。如果进口商品的外币价格既定，本币升值将同比例降低进口商品的本币价格；如果出口商品的本币价格既定，本币升值将同比例提高出口商品的外币价格。此时，汇率传导是完全的。然而，大量的实证文献发现，汇率

① 经典宏观经济理论认为，在完全竞争、厂商利润最大化、自由贸易、运输成本为零的假设下，国际市场一体化可以确保一价定律在世界范围成立，同种商品在不同国家的价格（以同一货币标价）相同。

传导是不完全的（Goldberg and Knetter，1997；Taylor，2000；Corsetti et al.，2008；Cook，2014；Choudhri and Hakura，2015），使汇率波动对贸易流量的影响受到限制。

假定本国为进口国，本国所有的需求均通过外国供给，且外国对该商品的生产全部出口到本国。

进口商品的需求函数：

$$m^{\mathrm{d}} = q\left(p_m\right) \tag{3-10}$$

进口商品的供给函数：

$$m^{\mathrm{s}} = q\left(p_m^*\right) \tag{3-11}$$

式中，p_m 为进口商品的本币价格；p_m^* 为进口商品的外币价格，$p_m^* = p_m / r$ 。进口商品市场均衡时， $m^{\mathrm{s}} = m^{\mathrm{d}}$ ， $\partial m^{\mathrm{s}} = \partial m^{\mathrm{d}}$ 。

对式（3-10）和式（3-11）两边全微分：

$$\partial m^{\mathrm{d}} = (\partial m^{\mathrm{d}} / \partial p_m)\partial p_m \tag{3-12}$$

$$\partial m^{\mathrm{s}} = \frac{\partial m^{\mathrm{s}}}{\partial p_m^*}\left(\frac{\partial p_m}{r} - \frac{p_m}{r^2}\partial r\right) \tag{3-13}$$

进口商品的需求弹性为

$$\eta_{m^{\mathrm{d}}} = -\frac{\partial m^{\mathrm{d}}}{\partial p_m}\frac{p_m}{m^{\mathrm{d}}} \tag{3-14}$$

进口商品的供给弹性为

$$\varepsilon_{m^{\mathrm{s}}} = \frac{\partial m^{\mathrm{s}}}{\partial p_m^*}\frac{p_m^*}{m^{\mathrm{s}}} \tag{3-15}$$

利用式（3-14）和式（3-15），将微分后所得结果简化得到：

$$r\frac{m^{\mathrm{d}}}{p_m}\varepsilon_{m^{\mathrm{s}}}\left(\frac{\partial p_m}{r} - \frac{p_m}{r^2}\partial r\right) = -\frac{m^{\mathrm{d}}}{p_m}\eta_{m^{\mathrm{d}}}\partial p_m \tag{3-16}$$

那么，汇率波动导致进口商品本币价格变化程度可表示为

$$\mathrm{pt} = \frac{\partial p_m}{p_m}\Bigg/\frac{\partial r}{r} = \frac{1}{1+\eta_{m^{\mathrm{d}}}\big/\varepsilon_{m^{\mathrm{s}}}} \tag{3-17}$$

从式（3-17）可知，汇率波动对进口商品的价格传导可表示为进口商品供给

弹性和需求弹性的函数。η_{m^d} 趋于 0 或 ε_{m^s} 趋于无穷大时，汇率波动的价格传导趋于完全；反之，$\eta_{m^d}/\varepsilon_{m^s} \to \infty$ 时，汇率波动的价格传导趋于 0。pt 表示汇率传导。

由于汇率波动传导通常是不完全的，通过汇率波动往往难以实现有效调节国际贸易收支的目的。汇率波动的贸易效应最终受汇率的价格传导程度与贸易数量的价格弹性的共同影响。

二、汇率波动对出入境旅游的作用机理分析

传统的弹性理论认为，一国的贸易数量主要受相对价格和实际收入的影响。如果其他实际因素不变，人民币名义有效汇率的变化会导致一国入境旅游相对于其他竞争性目的地旅游产品发生相对价格变化，同时也会导致一国出境旅游产品相对于本国同类产品发生相对价格变化。例如，一国货币发生贬值，那么该国入境旅游价格（以外币计价）会相应降低，从而相对其他同类竞争性目的地具有更强的价格竞争力，吸引更多的游客来该国旅游；而该国出境旅游价格（以本币计价）会相应上升，使出境旅游变得更加昂贵，导致本国出境旅游需求下降。

汇率波动使一国旅游产品的相对价格发生变化，进而影响该国出入境旅游需求水平，即替代效应。特别是随着出入境旅游的快速发展，越来越多的收入水平并不高的消费者选择跨境旅游，而这些消费者对价格差异较为敏感。汇率波动对此类消费者跨境旅游需求影响较大。此外，经济发展水平较低的目的地国家的价格水平相对较低，因此，前往经济发展水平较低的目的地国家旅游的游客对汇率波动引起的目的地国家相对价格水平变动往往不太敏感。而前往发达国家旅游的游客则通常对汇率波动引起的目的地国家相对价格水平变动具有较高的敏感性。相关研究已经证实了这一点（Eilat and Einav，2004）①。而在目的地国家旅游产品名义价格不变的情形下，客源国货币对目的地国家货币

①Eilat 和 Einav（2004）研究发现，发达国家入境旅游对价格较为敏感（弹性约为 1），而欠发达国家入境旅游对价格不敏感。

的汇率波动会引起客源国居民实际可支配收入水平发生变动，进而引起客源国居民出境旅游需求水平的变动，即收入效应。汇率波动通过价格传导对旅游需求的显著影响已受到相关文献的广泛关注。

汇率波动还会通过心理预期传导而影响出入境旅游发展。跨境旅游的成本通常较高，消费者在做出最终决策之前，通常会综合考虑各项成本因素。当一国货币汇率开始波动（升值或贬值），人们首先会判断这一升值（或贬值）是否会持续下去，这样的心理预期往往会影响人们的出游计划。在一国货币汇率持续升值（或贬值）预期下，该国居民会形成出境旅游的货币成本将下降（或上升）的心理预期，进而会影响其出境旅游计划；而客源国居民会形成赴该国旅游的货币成本将上升（或下降）的心理预期，也会对客源国居民赴该国旅游的计划产生影响（图 3-2）。

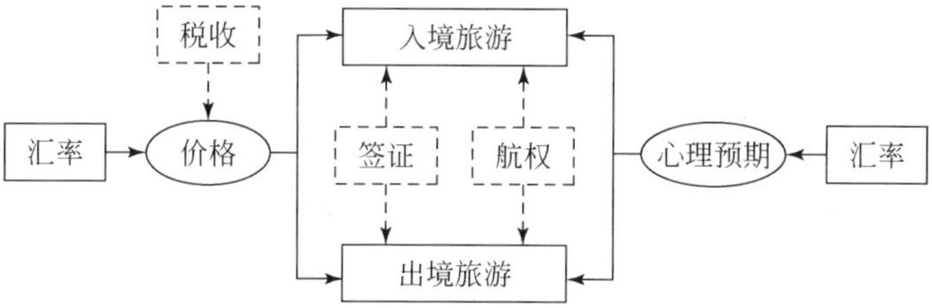

图 3-2　汇率波动对出入境旅游的作用机理

与国内生产总值和收入水平等其他宏观经济变量一样，汇率也已成为旅游需求模型中重要的解释变量之一（Webber，2001；Dritsakis，2004a；Eilat and Einav，2004；de Vita，2014；Martins et al.，2017；Webber，2001）。通过价格传导及心理预期传导，汇率波动会影响人们的出游决策、消费行为及消费结构，并最终带来出入境旅游流流量、流向和流速的变化。不可预期的、剧烈的短期汇率波动可能会给一国出入境旅游带来难以应对的结构性冲击，而可以预期的、单边的长期汇率波动则可能会导致一国出入境旅游的长期失衡。为了实现出入境旅游平稳有序发展，一国当局通常会采取针对性的干预措施熨平汇率波动造成的冲击。出入境旅游业是一个高度敏感性的行业，其发展容易受季节、气候和国际政治局势等非经济因素及汇率与价格等经济因素的影响。为了熨平汇率波动对出入境旅游的冲击，实现有效引导和调整出入境旅游发展的政策目标，需要价格、税收、签证和航权等综合性政策设计的密切配合。

第四节　本章小结

建立在汇率完全传导基础上的传统国际收支理论认为，在贸易商品需求价格弹性和供给价格弹性满足一般性临界条件下，本币贬值通常能够改善一国贸易收支。但实际中汇率传导往往是不完全的，也就是说，贸易商品价格对汇率波动不敏感，使汇率波动对一国贸易收支的实际效应与传统国际收支理论预期往往是不一致的。如果汇率传导不完全，那么汇率波动对国际贸易收支的效应由汇率传导程度和进出口价格弹性综合决定。

尽管汇率波动对出入境旅游的影响已受到国内外相关文献的广泛关注，但是，汇率波动影响出入境旅游的内在机理并不明确。本章通过构建初步的传导机制模型，刻画了汇率波动影响出入境旅游发展的内在机理。通过价格传导及心理预期传导，汇率波动会影响人们的出游决策、消费行为及消费结构，并最终带来出入境旅游流流量、流向和流速的变化。

第四章　汇率波动对中国出入境旅游的长期影响估计

第一节　引　言

20 世纪 70 年代以来，随着布雷顿森林体系崩溃，主要发达经济体逐渐放弃紧钉美元的固定汇率制度，向着更加富有弹性的中间汇率制度转型。90 年代末期，亚洲金融风暴使东南亚多数国家（地区）货币与美元脱钩，放宽对美元汇率的波动幅度，调整原有的汇率制度并开始实行相对浮动的汇率制度（李扬和余维彬，2005）。中国则于 2005 年 7 月放弃了长期以来采用的人民币钉住美元的汇率制度，转向“参考一篮子货币、有管理的浮动汇率制度”。2015 年 8 月 11 日，为了增强人民币兑美元汇率中间价的市场化程度和基准性，中国人民银行宣布即日起将进一步完善人民币兑美元汇率中间价报价机制，人民币汇率双向浮动弹性明显增强。

2005 年“7・21”汇改后至 2015 年“8・11”汇改前的十年里，人民币实际有效汇率大幅升值（截至 2015 年 7 月，人民币实际有效汇率累计升值 56.87%），而中国出入境旅游增速反转，中国出入境旅游市场结构发生了根本性变化。出境旅游的爆发性增长和入境旅游的停滞不前成为中国旅游发展中的突出矛盾。2015 年“8・11”汇改后，随着人民币实际有效汇率持续小幅贬值，中国入境旅游在经历连续 3 年下降后重返增长通道，2015 年再次实现正增长。而中国出境旅游则结束了长期的高速增长，进入了常态化的中高速增长区间。直观来看，人民币汇率波动似乎已对中国出入境旅游发展产生了较为显著的影响。

汇率波动对出入境旅游的影响一直是旅游经济领域研究的热点。汇率波动引起的相对于其他目的地价格竞争力的变化是决定一国在出入境旅游市场所占份额的关键因素（Dwyer et al.，2000）。基于加拿大（Gray，1966）、德国与英国（Dritsakis，2004a）及美国（Cheng et al.，2013a）等国入境旅游数据开展的研究发现，本币贬值对本国入境旅游发展具有显著的促进作用。Ouerfelli（2008）基于突尼斯入境旅游数据研究发现，汇率波动因客源国不同而产生不同影响。Seetaram（2010）运用 1991～2007 年澳大利亚 10 个主要客源国数据研究澳大利亚入境旅游需求的汇率弹性。结果表明，短期内澳大利亚入境旅游需求对汇率波动反应不敏感，但长期来看是富有弹性的。de Vita（2014）运用 1980～2011 年 27 个国家出入境旅游流数据研究汇率制度对出入境旅游流的影响。结果表明，保持汇率的相对稳定有利于吸引更多的游客。但 Chadeeand 和 Mieczkowski（1987）研究认为，汇率波动对入境旅游的影响并不显著。

人民币汇率波动对中国出入境旅游的影响也受到学术界的广泛关注。罗富民（2007）基于 1990～2006 年时间序列数据研究发现，人民币升值使日本对中国的旅游需求下降。李芸等（2009）研究发现，人民币汇率波动与不同客源地入境人数的相关性和相关程度不一。赵东喜（2011）采用 2006～2010 年中国入境旅游 13 个主要客源国数据，运用面板数据计量方法研究发现，人民币汇率波动对出游目的不同的入境游客的影响不同。王良举和李万莲（2012）采用 2004～2009 年中国入境旅游 23 个主要客源国数据，运用面板数据计量方法研究发现，人民币升值给中国入境旅游带来了显著的负面影响。成英文等（2014）采用 2005～2011 年中国 15 个主要客源国与 11 个主要目的国数据，运用面板数据计量方法研究发现，入境旅游的汇率弹性较小，但出境旅游的汇率弹性较大。毕斗斗等（2015）采用 1995～2011 年中国旅游服务贸易年度数据研究发现，中国旅游服务贸易收支的汇率弹性显著为负。由于外汇制度的更替和出入境旅游业的发展具有阶段性特点，汇率对出入境旅游业的影响在各个时期具有不平衡性（张凌云和房蕊，2011）。上述研究采用的时间序列数据和面板数据的时间维度均较短，难以全面反映人民币汇率的长短期波动对中国出入境旅游的影响，同时也使相关研究结论缺乏稳健性。

本章采用中国出入境旅游人数月度时间序列数据，使用 Census X12 方法对中国出入境旅游人数月度时间序列进行季节调整，并使用 HP 滤波方法将季节调整后的中国出入境旅游人数时间序列中的长期趋势和循环要素进行分解，得到中国出入境旅游人数长期趋势序列，分析中国出入境旅游发展的长期趋势。在此基础上，使用协整理论和格朗杰因果检验方法检验人民币实际有效汇率波动对中国出入境旅游流的长期影响。

本章第二节介绍使用的检验方法与检验模型；第三节采用中国出入境旅游人数月度时间序列数据详细考察中国出入境旅游的演化特征及趋势，检验人民币汇率波动对中国出入境旅游的影响方向及程度；第四节给出主要研究结论及相关政策启示。

第二节 汇率波动与中国出入境旅游发展关系描述

一、变量与数据说明

为了全面描述中国出入境旅游发展情况，本书采用中国出入境旅游人数（outbound，inbound，单位均为万人次）月度时间序列数据进行分析。由于旅游统计制度的制约，2008 年以前的出境旅游人数月度数据无法获得，本书样本期间始于 2008 年 1 月。2015 年 8 月 11 日，中国人民银行宣布即日起实施人民币汇率中间价报价新机制，进一步增强人民币兑美元汇率中间价的市场化程度和基准性。2015 年“8 • 11”汇改使人民币汇率形成机制再一次发生重大变化，可能导致人民币汇率时间序列的数据生成过程（data generation process，DGP）发生结构突变（structural breaks）。由于 2015 年“8 • 11”汇改以来的人民币汇率月度时间序列长度较短，无法检验并确定其结构突变点，而可能存在的结构突变会影响数据平稳性的检验结果，进而导致在进行协整分析时得出错误的结论，本书样本期间结束于 2014 年 12 月。中国出入境旅游人数数据均来自国家旅游局数据中心。

人民币实际有效汇率（REER）不仅考虑了所有双边名义有效汇率的相对变动情况，而且剔除了通货膨胀因素对货币自身价值变动的影响，能够综合反映一国货币的实际价值和相对购买力，也能够间接反映一国出口竞争力和进口成本变动情况。叶永刚等（2006）、李宏彬等（2011）采用人民币 REER 指标研究了人民币汇率波动对中国进出口贸易的影响。王良举和李万莲（2012）采用人民币 REER 指标研究了人民币汇率波动对中国入境旅游的影响。本章同样采用人民币 REER 指标衡量人民币汇率，进而研究人民币汇率波动对中国出入境旅游的总体影响。人民币 REER 指数来自 BIS，并以 2010 年为基期（即 2010 年人民币 REER=100）。

二、人民币汇率与中国出入境旅游：演化特征及趋势

样本期内，人民币实际有效汇率总体呈现持续升值走势，并表现出明显的阶段性变化特征：2008 年 1 月至 2009 年 3 月，人民币实际有效汇率持续升值；2009 年 4～11 月，人民币实际有效汇率快速贬值；2009 年 12 月至 2011 年 7 月，人民币实际有效汇率小幅缓慢升值；2011 年 8 月至 2014 年 1 月，人民币实际有效汇率再次快速升值；经过 2014 年 2～5 月连续 4 个月的贬值后，人民币实际有效汇率重新进入升值通道。

样本期内，中国出入境旅游呈现明显的季节性周期波动。每年的 3～4 月和 10 月为中国入境旅游的高峰期，而每年的 2 月为中国入境旅游接待的低谷期；中国出境旅游高峰期集中在每年的 8 月，而低谷期为每年的 6 月或 2 月（图 4-1）。

季节性突出是旅游业发展中的典型特征之一。其诱因主要有天气因素、政策因素、节假日、旅游动机、旅游产生的条件和旅游资源特点等。季节性因素的存在可能会掩盖中国出入境旅游人数时间序列的基本特征和变化趋势。为了更好地把握中国出入境旅游人数时间序列的基本特征和变化趋势，需要将季节效应从实际序列中测定、分离、抵消和调整，通过季节调整纠正时间序列中隐含的由季节性因素造成的季节效应的影响。

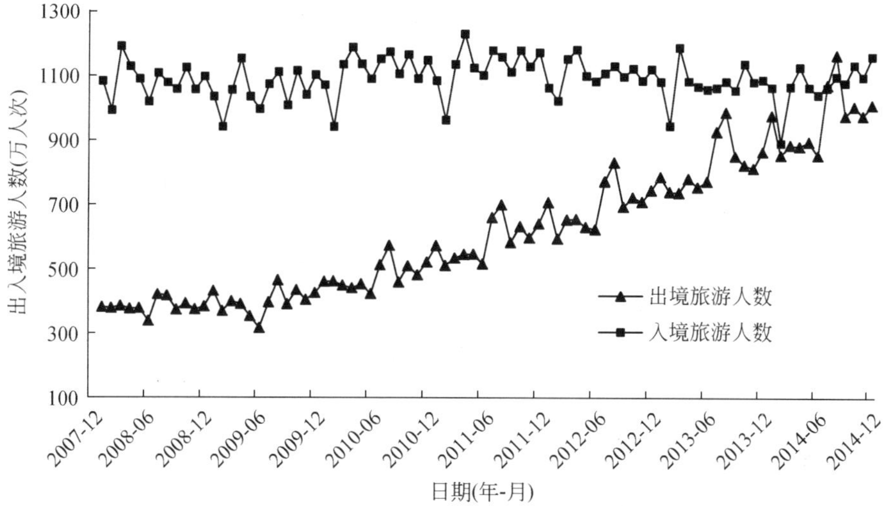

图 4-1　中国出入境旅游人数变动情况（月度数据）

为消除季节效应的影响，使不同月度数据能够直接比较，本书采用 Census X12 方法对中国出入境旅游人数月度时间序列进行季节调整（seasonal adjustment）。经过季节调整之后的中国入境旅游人数时间序列（inbound_sa）和出境旅游人数时间序列（outbound_sa）可以准确反映中国出入境旅游的短期变化，特别是可以反映中国出入境旅游发展演化的转折点。但是季节调整方法只能剔除季节因素，无法将长期趋势（trend）和循环要素（cycle）区分开来。为了考察中国出入境旅游发展演化的长期趋势，本书采用 HP 滤波方法将季节调整后的中国出入境旅游人数时间序列中的长期趋势和循环要素进行分解，分别得到中国入境旅游人数长期趋势（trend_inbound）和中国出境旅游人数长期趋势（trend_outbound）序列。

图 4-2 显示，2011 年 8 月以前，人民币实际有效汇率升值并没有改变中国入境旅游长期增长的趋势。事实上，2005 年“7 • 21”汇改初期，由于中国旅游产品价格竞争优势明显，人民币实际有效汇率升值并没有从根本上改变中国入境旅游长期增长的趋势。但是 2011 年 8 月以来，中国入境旅游进入了连续下降通道。可能的初步解释是，由于全球经济复苏乏力，各国加强了旅游领域的竞争，人民币实际有效汇率升值和中国大部分地区空气质量严重下降的叠加影响，使人民币

实际有效汇率升值带来的负面冲击开始凸显。而随着人民币实际有效汇率升值，中国出境旅游人数在样本期间内保持了持续快速增长趋势（图 4-3）。

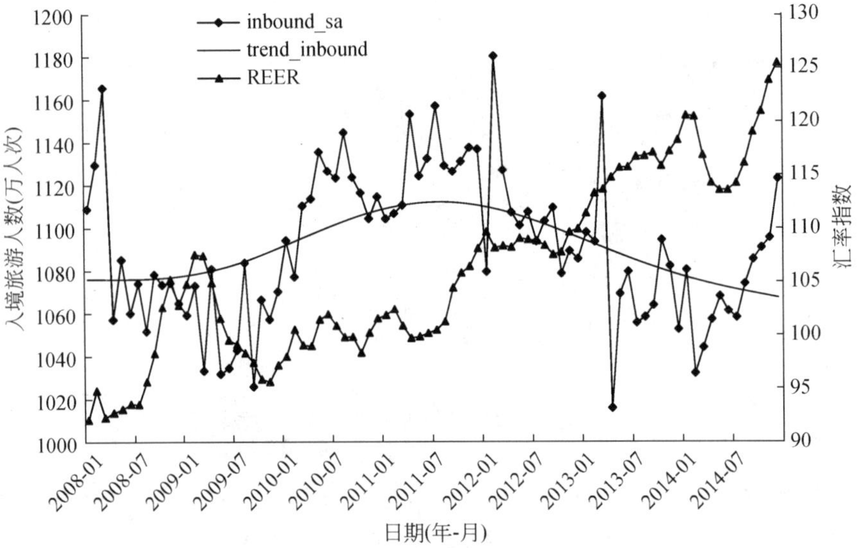

图 4-2　人民币汇率波动与中国入境旅游演化趋势

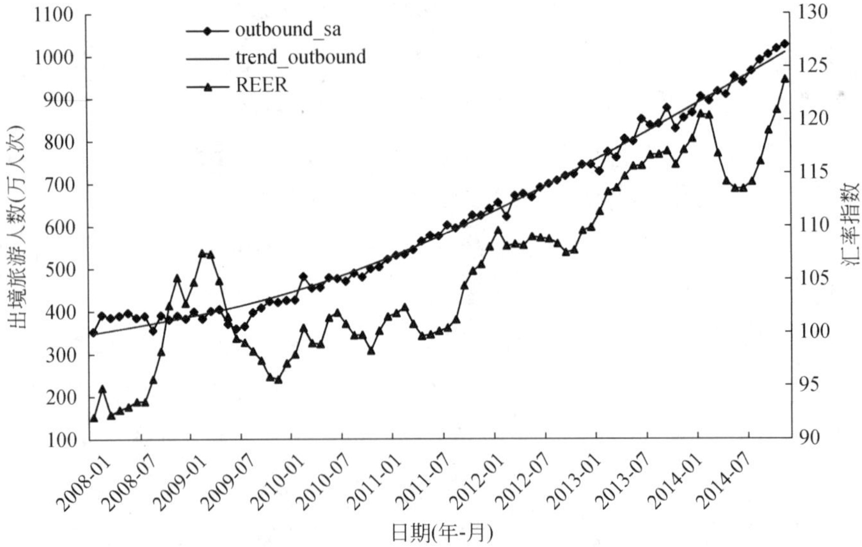

图 4-3　人民币汇率波动与中国出境旅游演化趋势

第三节 汇率波动对中国出入境旅游的长期影响分析

一、检验方法与模型

传统的回归分析建立在采用平稳时间序列的基础上,但实际中很多时间序列是非平稳的。对非平稳时间序列,采用传统方法对回归模型作统计推断时,关于模型参数统计量的分布不再是标准分布,导致谬误回归(spurious regression)现象。而对变量序列进行差分变换后进行回归,又可能丢失重要信息。协整理论可克服上述方法的不足,能有效地处理非平稳时间序列。由于本章各变量序列可能是非平稳的,先对各变量序列进行单位根检验(unit root test),若为非平稳序列,可以采用协整理论分析变量之间的关系。在协整检验的基础上,再进行格朗杰因果关系检验,检验变量之间是否存在因果关系。

1.单位根检验

对时间序列 x_t,建立如下方程:

$$x_t=\gamma x_{t-1}+\varepsilon_t \text{ 或者 } \Delta x_t=\delta x_{t-1}+\varepsilon_t \quad (4\text{-}1)$$

式中,γ与δ均为自回归系数,Δ 是差分运算符,$\delta=\gamma-1$,ε_t为随机扰动项。如果δ=0,则时间序列 x_t 是非平稳的,即存在单位根。构造 t 统计量,即 $t_\delta=\hat{\delta}/s(\hat{\delta})$。这时 t 统计量服从 Dickey-Fuller 分布(DF 分布)。估计上述方程并计算得到 t_δ 统计量的值,如果 t_δ 统计量的绝对值大于给定显著性水平下临界值的绝对值,表明该时间序列是平稳的;反之,则该时间序列是非平稳的。这就是 DF 检验(Dickey-Fuller test),也称单位根检验。

DF 检验中不能保证方程中的 ε_t 是白噪声,所以得到的 δ 的估计值是有偏的。Dickey 和 Fuller(1979,1980)对 DF 检验进行扩充,形成扩展的 DF 检验,即 ADF 检验。ADF 检验的原理与 DF 检验相同。ADF 检验的一般形式如方程:

$$\Delta x_t=a+\beta t+\delta x_{t-1}+\sum_{i=1}^{p-1}\lambda_i\Delta x_{t-i}+\varepsilon_t \quad (4\text{-}2)$$

式中，a 为常数项，βt 为时间趋势，δ 为自回归系数，λ 为滞后差分项系数，p 为滞后阶数，ε_t 为随机扰动项。

2.协整检验

如果一个非平稳序列的一阶差分是平稳的，称该序列为一阶单整序列，记为 I（1）。如果一个非平稳序列要经过 d 次差分后才能平稳，则称该序列为 d 阶单整，记为 I（d）。如果序列 x_t 和 y_t 都是 d 阶单整，存在一个向量 a＝（a_1，a_2），使 $z_t=a_1y_t+a_2x_t$ 是（$d-b$）阶单整的，即 $z_t \sim I$（$d-b$），其中（$d \geqslant b \geqslant 0$），则认为序列 x_t 和 y_t 是（d，b）阶协整（cointegration），记为 x_t，$y_t \sim$CI（d，b），a 为协整向量。

如果两个序列 x_t 和 y_t 是非平稳的，而且都是 d 阶单整序列，则可以利用最小二乘（ordinary least squares，OLS）回归方法求出协整回归方程。然后，通过检验回归方程的残差序列 μ_t 是否平稳来判断 x_t 和 y_t 的协整性。如果 x_t 和 y_t 不是协整的，则其任意一个线性组合均是非平稳的，因此，残差 μ_t 也必然是非平稳的。如果检验结果表明，该残差序列是平稳的，则可以认为 x_t 和 y_t 之间存在协整关系。

$$y_t=b_0+b_1x_t+\mu_t \tag{4-3}$$

式中，b_0 为常数项，b_1 为回归系数，μ_t 为随机扰动项。

两个单整变量只有当其单整阶数相同时才可能协整。协整检验能够揭示变量之间是否存在长期稳定的均衡关系。满足协整检验的经济变量之间不会相互分离太远，一次冲击只能使其短期内偏离均衡位置，长期会自动恢复到均衡位置。

3.格朗杰因果关系检验

协整检验能够揭示变量序列之间是否存在长期均衡关系，但无法揭示变量之间是否存在因果关系。格朗杰（Granger，1969）针对这一情形提出了因果关系检验方法。基本原理是在做 Y 对其他变量（包括自身的滞后项）的回归时，如果引入 X 的滞后项能够显著地改进对 Y 的预测，则认为 X 是 Y 的（格朗杰）原因；类似的定义 Y 是 X 的（格朗杰）原因。构造检验方程：

$$y_t = a + \sum_{i=1}^{m} \alpha_i x_{t-i} + \sum_{j=1}^{n} \beta_i y_{t-j} + u_t \tag{4-4}$$

式中，u_t 为零均值、非自相关随机误差项；α、β 为系数。零假设 H_0：$\alpha_1=\alpha_2=\cdots=\alpha_j=0$（$j$=1，2，⋯，$n$），即 X 不是 Y 的原因。若零假设成立，则有

$$y_t = a + \sum_{j=1}^{n} \beta_i y_{t-j} + u_t \tag{4-5}$$

令式（4-4）和式（4-5）的残差平方和分别为 RSS1 和 RSS2，则 $F = \frac{(\mathrm{RSS2} - \mathrm{RSS1})/n}{\mathrm{RSS1}/(T-m-n-1)}$ 应服从自由度为（n，T-m-n-1）的 F 分布，其中，T 为样本数量；m，n 分别为 Y 和 X 的滞后阶数，可以根据赤池信息准则（Akaike information criterion，AIC）和施瓦兹准则（Schwarz criterion，SC）来决定。

二、实证结果及分析

为了避免对非平稳时间序列直接进行回归可能导致的伪回归（spurious regression）问题，本书首先采用 ADF 单位根检验方法对经过季节调整的中国出入境旅游人数序列的平稳性进行检验。为了减少异方差性的影响，本书对变量序列 inbound_sa、outbound_sa 和 REER 取自然对数，并分别记为 ln（inbound_sa）、ln（outbound_sa）和 ln（REER）（表 4-1）。

表 4-1　变量序列平稳性检验

变量	检验类型（c，t，k）	ADF 值	临界值			结论
			1%	5%	10%	
ln（inbound_sa）	（c，0，1）	−2.3383	−3.5133	−2.8977	−2.6103	不平稳
ln（outbound_sa）	（c，0，1）	0.7623	−3.5133	−2.8977	−2.6103	不平稳
ln（REER）	（c，0，1）	−0.4416	−3.5133	−2.8977	−2.6103	不平稳
△ln（inbound_sa）	（c，0，1）	−10.7695	−3.5133	−2.8977	−2.6103	平稳
△ln（outbound_sa）	（c，0，1）	−14.4786	−3.5133	−2.8977	−2.6103	平稳
△ln（REER）	（c，0，1）	−6.2580	−3.5133	−2.8977	−2.6103	平稳

注：△表示时间序列的一阶差分；检验类型（c，t，k）中，c 表示常数项，t 表示时间趋势，k 表示滞后期。k 的选择准则以使 DW 值尽量接近 2（不存在自相关）并综合考虑 AIC 和 SC 的较小值。

从变量序列平稳性检验结果（表 4-1）可以看出，原始变量序列的 ADF 值均大于临界值，表明原始变量序列均是非平稳的。一阶差分后，ADF 值均小于 5%水平临界值，表明 ln（inbound_sa），ln（outbound_sa）和 ln（REER）均是一阶单整序列，满足协整分析的前提，可分别考虑 ln（REER）与 ln（inbound_sa），ln（outbound_sa）之间是否存在协整关系（cointegration relation）。本书采用 Engle 和 Granger（1987）提出的两步检验法（也称 EG 检验）对变量序列 ln（REER）和 ln（outbound_sa）进行协整关系检验。

第一步，对 ln（REER）和 ln（outbound_sa）进行最小二乘回归，考虑加入适当的滞后项，得到动态分布滞后模型：

$$\begin{aligned}\ln(\text{outbound\_sa}_t) = &\underset{(0.261)}{0.1148} + \underset{(0.208)}{0.3473}\ln(\text{REER}_t) - \underset{(0.206)}{0.3872}\ln(\text{REER}_{t-1}) \\ &+ \underset{(0.018)}{1.0129}\ln(\text{outbound\_sa}_{t-1})\end{aligned} \tag{4-6}$$

R^2=0.991　　DW=2.097　　LM（1）=0.899

Breusch-Godfrey 序列相关检验表明，模型（4-6）已消除自相关。式（4-6）可初步认为是人民币实际有效汇率与中国出境旅游人数之间的长期稳定关系。

第二步，对式（4-6）的估计残差序列 $\hat{e}_t$ 进行 ADF 单位根检验。从表 4-2 可以看出，估计残差序列 $\hat{e}_t$ 是平稳序列，即 $\hat{e}_t \sim I(0)$。因此，不能拒绝 ln（REER）和 ln（outbound_sa）协整的原假设，即可以认为 ln（REER）和 ln（outbound_sa）是（1，1）阶协整的，式（4-6）即为两者之间长期稳定的均衡关系。由式（4-6）可知，ln（outbound_sa）关于 ln（REER）的长期弹性为（0.3473−0.3872）/（1−1.0129）=3.093。

表 4-2　回归残差平稳性检验

变量	检验类型（c，t，k）	ADF 值	临界值			结论
			1%	5%	10%	
$\hat{e}_t$	（c，0，0）	−4.7492	−3.6056	−2.9369	−2.6069	平稳

采用同样的方法可得 ln（REER）和 ln（inbound_sa）之间长期稳定的均衡关系为

$$\ln(inbound\_sa_t)=8.4498-0.3079\ln(REER_t) \qquad (4\text{-}7)$$

$$(0.398)\quad(0.084)$$

$$R^2=0.255 \qquad DW=1.553 \qquad LM(1)=1.064$$

由式（4-7）可得，ln（inbound_sa）关于 ln（REER）的长期弹性为-0.308。

协整检验表明，ln（REER）和 ln（outbound_sa）之间存在长期稳定的均衡关系，但这两个变量序列之间是否存在因果关系需要进一步检验。本书运用格朗杰因果关系检验方法对 ln（REER）和 ln（outbound_sa）之间是否存在因果关系进行检验。表 4-3 的结果显示，在 1%显著性水平下，拒绝 ln（REER）不是 ln（outbound_sa）的格朗杰原因的零假设，可以认为，人民币实际有效汇率是中国出境旅游发展的格朗杰原因。表明近年来人民币实际有效汇率大幅升值显著地促进了中国出境旅游发展。2008 年 1 月至 2014 年 11 月，人民币实际有效汇率累计升值 34.78%，假定其他因素不变，人民币升值推动中国出境旅游人数增长 107.90%。

类似地，采用格朗杰因果检验方法对 ln（REER）和 ln（inbound_sa）之间是否存在因果关系进行检验（表 4-3）。结果表明，在 1%显著性水平下，拒绝 ln（REER）不是 ln（inbound_sa）的格朗杰原因的零假设。因此，可以认为，人民币实际有效汇率也是中国入境旅游发展的格朗杰原因。表明近年来人民币实际有效汇率升值的确给中国入境旅游发展造成了显著的负面影响。2008 年 1 月至 2014 年 12 月，人民币实际有效汇率累计升值 36.82%，假定其他因素不变，人民币升值拖累中国入境旅游人数增长 11.34%。

表 4-3　格朗杰因果检验

零假设	F 统计量	P 值	结论
ln（REER）不是 ln（outbound_sa）的格朗杰原因	2.8148	0.0073	拒绝
ln（REER）不是 ln（inbound_sa）的格朗杰原因	6.0867	0.0184	拒绝

第四节　本 章 小 结

本章简要梳理了汇率波动对出入境旅游的影响相关文献，采用 Census X12

方法对中国出入境旅游人数月度时间序列进行季节调整，并使用 HP 滤波方法将季节调整后的中国出入境旅游人数月度时间序列数据中的长期趋势和循环要素进行分解，考察中国出入境旅游的演化特征及趋势，在此基础上运用协整检验和格朗杰因果关系检验方法实证分析人民币汇率波动对中国出入境旅游的影响。研究发现，人民币实际有效汇率是中国出境旅游发展的格朗杰原因，表明近年来人民币实际有效汇率升值显著地推动了中国出境旅游增长；同时，人民币实际有效汇率也是中国入境旅游发展的格朗杰原因，表明近年来人民币实际有效汇率升值成为阻碍中国入境旅游增长的重要原因。

长期以来，中国独特的旅游资源和旅游业价格竞争优势突出是吸引入境游客的关键因素。但 2005 年“7 • 21”汇改以来，人民币大幅升值导致中国旅游业价格竞争力明显下降。世界经济论坛（World Economic Forum）发布的 *The Travel & Tourism Competitiveness Report* 2017 显示，中国旅游业价格竞争力由 2009 年的全球第 20 位下降至 2017 年的全球第 38 位。随着人民币国际化步伐的加快，离岸市场人民币交易持续增加，对人民币的需求大幅提高，人民币汇率中长期趋势的升值判断并未逆转。特别是在国际经济复苏乏力、出入境旅游市场竞争不断加剧的背景下，人民币中长期升值和中国各地出现的大范围雾霾天气叠加影响，使中国入境旅游发展面临前所未有的巨大挑战。

在中国经济社会发展良好基本面的支撑下，人民币汇率中长期升值趋势未改、境外旅游目的地国家和地区对中国游客放宽签证政策和海外旅游消费环境改善等因素将持续推动中国出境旅游较长时期的增长。

第五章　中国出入境旅游的人民币汇率弹性再估计

人民币有效汇率发生变动，其相对于某一（些）货币的实际汇率可能是升值的，而相对于另一（些）货币的实际汇率可能是贬值的。为了避免总量误差，人民币汇率波动对中国出入境旅游的具体影响如何，需要从双边旅游流对双边货币汇率波动的反应角度进行进一步深入分析。本章基于微观经济理论中的消费者效用理论推导出旅游引力模型，并采用双边旅游流面板数据估计中国出入境旅游的人民币汇率弹性。

第一节　引力模型在双边贸易流量研究中的应用及其理论基础

一、引力模型在双边贸易流量研究中的应用

20 世纪 60 年代以来，物理学中的牛顿万有引力定律被引入双边贸易流量研究。Tinbergen（1962）与 Pöyhönen（1963）最早采用引力模型研究双边贸易流量。他们认为，双边贸易流量取决于用国内生产总值衡量的国家经济规模和两国之间的地理距离。双边贸易规模与其经济规模成正比，而与两国之间的地理距离成反比。出口国的经济规模代表其潜在的供给能力，进口国的经济规模则代表其潜在的需求能力，双边供给与需求的相互吸引带动国际化分工下专

业化生产的产品的流动，而两国之间的地理距离则代表双边贸易最主要的阻力因素。基本的贸易引力模型可以表示为

$$X_{ij} = A\frac{Y_i^{\alpha}Y_j^{\beta}}{D_{ij}^{\gamma}} \tag{5-1}$$

式中，X_{ij}为国家i和国家j之间的贸易流量；Y_i和Y_j分别为国家i和国家j的经济规模，通常用GDP①衡量；D_{ij}为国家i和国家j之间的地理距离，通常用两国经济中心（首都等）或主要港口之间的距离衡量；A为引力常数；α、β和γ为弹性系数。

贸易引力模型的拟合效果非常好，且能够从计量角度对双边贸易流量加以合理解释，因而逐渐成为双边贸易流量研究的主流工具。此外，引力模型也在移民（Karemera et al.，2000；Helliwell，2010）、外商直接投资（Bergstrand and Egger，2007；Head and Ries，2008）及出入境旅游（Crampon，1966；Malamud，1973；Durden and Silberman，1975）等相关领域实证研究中得到广泛应用。后续研究中，为了更好地解释贸易流量，人口（Linnemann，1966）、要素禀赋（Leamer，1974；Bergstrand，1989）、汇率（Bergstrand，1985；Tenreyro，2007）、自由贸易协定（Frankel et al.，1995；Ghosh and Yamarik，2004；Baier and Bergstrand，2007）、共同边界（McCallum，1995；Anderson and van Wincoop，2003；Bergstrand et al.，2013；Baier and Bergstrand，2007）、共同货币（Rose，2000；Camarero et al.，2014）和共同语言（Hutchinson，2005；Lohmann，2011；Melitz and Toubal，2014）等解释变量也逐步被引入贸易引力模型。

直到20世纪70年代末，贸易引力模型仍未跳出传统经验模型框架。引入更多的解释变量固然能使该经验模型得到逐步完善，但缺乏坚实的理论基础仍是该模型的重大缺陷，该模型作为政策分析的工具经常受到责难，也使该模型在相当长的时间里没有得到主流经济学的普遍认同。Anderson（1979）指出，不识别模型的性质会妨碍其在政策研究中的运用，如在模型中加入诸如边境税之类的政策变量很难在理论上找到其合理性。尽管贸易引力模型成功地从计量

① 国内生产总值（gross domestic product，GDP）。

角度解释了贸易流动，但由于缺乏强有力的理论支撑，其对潜在贸易流量的预测受到很大局限（Bergstrand，1985）。

二、贸易引力模型的理论基础

由于古典和新古典贸易理论无法对双边贸易流量进行计量，虽然早期的贸易引力模型缺乏坚实的理论基础，但该模型的重要应用价值仍受到广泛认可。很多学者指出，引入更多的解释变量固然能够提高贸易引力模型的解释能力，但由于缺乏坚实的理论基础，引入解释变量过多就会偏离贸易引力模型（Anderson，1979；Bergstrand，1985）。20 世纪 70 年代后期开始，为贸易引力模型寻找坚实的理论基础引起广泛关注，尤其是把贸易引力模型与主流经济学、国际贸易理论联系起来，不仅丰富了贸易引力模型领域的研究，而且显著地促进了主流经济学特别是主流国际贸易理论的发展。

Anderson（1979）运用柯布-道格拉斯（Cobb-Douglas）支出系统的重组，构造了一个“纯粹支出系统模型”并推导出简化形式的贸易引力模型：$M_{ij}=Y_iY_j/\sum_j Y_j$。其中，M_{ij} 为 i 国从 j 国的进口额，Y_i 和 Y_j 分别为 i 国和 j 国的国内生产总值。但上述支出系统模型并没有考虑贸易引力模型中的距离等“阻力因子”，这样上述支出系统模型并未完成贸易引力模型的全部理论基础工作，因为不考虑阻力因素不可能构造实质意义上的贸易引力模型。

Bergstrand（1985）在构建一般均衡世界贸易模型的基础上构造了局部均衡模型并推导出引力模型。假设一国仅生产一种产品，并通过在消费者和生产者两方假设不变替代弹性（constant elasticity of substitution，CES）效用函数和不变转移弹性（constant elasticity of transformation，CET）生产函数构造了需求函数和供给函数，价格因此作为外生变量引入贸易方程，改变了贸易流量研究中价格仅仅充当平衡供求工具的传统认识，解决了是否应该及如何将影响国际贸易流量的价格因素引入模型的问题。

Deardorff（1995）综合这些理论推导认为，贸易引力模型体现出许多模型的特点，并从无摩擦贸易和有摩擦贸易的赫克歇尔-俄林（Heckscher-

Ohlin，H-O）模型推导出引力模型。针对无摩擦贸易，各国消费者在购买商品时不会考虑是国内还是国外生产的，生产者也不会考虑其产品销售到国内还是国外。假设消费者偏好相同，Deardorff（1995）推导出与 Anderson（1979）同样的引力模型。若消费者偏好不相同，推导出的引力模型形式较为复杂：

$$M_{ij}=\frac{Y_iY_j}{Y_{\mathrm{w}}}\left(1+\sum_k\lambda_k\alpha_{ik}\beta_{jk}\right) \tag{5-2}$$

式中，Y_{w} 为全世界收入；λ_k 为全世界生产商品 k 所得收入占全部收入的份额；α_{ik} 为 i 国生产商品 k 所占世界份额；β_{jk} 为 j 国消费商品 k 在其收入中所占份额。

无贸易摩擦条件下推导出的引力模型未包含距离因素，因而也不是真正意义上的引力模型。对有贸易成本的情形，Deardorff（1995）用 CES 效用函数表示消费者偏好并推导出如下形式的贸易引力模型：

$$M_{ij}=\frac{Y_iY_j}{t_{ij}Y_{\mathrm{w}}}\left(\frac{\rho_{ij}^{1-\sigma}}{\sum_h\theta_h\rho_{ih}^{1-\sigma}}\right) \tag{5-3}$$

式中，t_{ij} 为国家 i 与国家 j 之间的交通因素；ρ_{ij} 为国家 j 到国家 i 的相对距离；σ 为替代弹性；θ_h 为国家 h 的收入份额。

上述研究不仅为贸易引力模型提供了理论支持，还有助于解释各项实证研究结果中出现的各种问题和差异，使贸易引力模型逐渐摆脱了长期以来受到“缺乏理论基础”质疑的窘境。

第二节　引力模型在旅游流研究中的应用

贸易流涉及商品的流动，而旅游流伴随着人的流动。国际贸易和出入境旅游的流动机制及模式是不同的。显然，上述贸易引力模型的理论基础难以解释出入境旅游流的生成机制。因此，除了 20 世纪 60～70 年代出现了一些关于引力模型在旅游需求计量中的应用的文献（Crampon，1966；Malamud，1973；Durden and Silberman，1975），80～90 年代的旅游需求文献很少涉及引力模型的应用（Lim，1999；Song and Li，2008）。进入 21 世纪以来，贸易引力模型的成功应用再次激起了引力模型在旅游流研究中的应用热潮（Prideaux，2005；Gil-Pareja et al.，2007b；Durbarry，2008；Keum，2010；Massidda and Etzo，2012；Fourie and Santana-Gallego，2013）。

Crampon（1966）最早将如下形式的引力模型应用于旅游需求研究：

$$V_{ij} = G(P_i A_j / D_{ij}^b) \tag{5-4}$$

式中，V_{ij} 为客源地 i 到目的地 j 的旅游人数；P_i 为客源地 i 的人口规模、财富或旅行倾向的量度；A_j 为目的地 j 的旅游吸引力或旅游容量的量度；D_{ij} 为客源地 i 与目的地 j 之间的地理距离；G、b 为经验参数。

此后，旅游引力模型不断演化，客源地和目的地收入、价格水平、替代品价格和文化因素等解释变量逐步被引入模型当中。近年来旅游需求计量文献中通常采用的扩展的旅游引力模型形式如下：

$$\ln N_{ij} = \alpha + \sum_{s=1}^{S} \alpha_s \cdot \ln(\mathrm{ZO}_i^S) + \sum_{p=1}^{P} \gamma_P \ln(\mathrm{ZD}_j^P) + \sum_{r=1}^{R} \zeta_r \ln(\mathrm{ZOD}_{ij}^r) \tag{5-5}$$

式中，N_{ij} 为旅游需求，通常用客源地 i 到目的地 j 的旅游人数衡量；ZO_i^S 为客源地旅游者出游的推力变量（S）向量，包括客源地人均收入水平；ZD_j^P 为目的地吸引旅游者出游的拉力变量（P）向量，包括目的地人均 GDP；ZOD_{ij}^r 为旅游者从客源地到目的地旅游面临的成本变量（或吸引力变量）向量；α、α_s、γ_P、ζ_r 为待估参数向量。

大量的文献以旅游引力模型为基础，研究旅游流的影响因素。Eilat 和 Einav（2004）采用离散选择模型估计方法分析了价格、汇率、目的地政治风险、共同边界、共同语言和距离等因素对双边旅游的影响。研究发现，政治风险对出入境旅游的发展具有至关重要的作用，共同边界、共同语言和距离同样是决定出入境旅游流的重要因素。价格和汇率仅对发达国家出入境旅游发展具有显著影响。Gil-Pareja 等（2007a，2007b）的研究结果表明，大使馆及领事馆、经济和货币联盟对出入境旅游流具有积极影响。Khadaroo 和 Seetanah（2008）研究表明，交通基础设施是决定目的地旅游流的重要因素。

Santana-Gallego 等（2010）、de Vita（2014）研究发现，保持相对稳定的汇率更有利于出入境旅游的发展。Fourie 和 Santana-Gallego（2011）发现了大型赛事能够促进出入境旅游发展的经验证据。Massidda 和 Etzo（2012）估算价格差异和文化活动等因素对意大利国内旅游的影响。Fourie 等（2016）研究发现，客源国与目的地国家的宗教联系对出入境旅游流具有显著解释力。Saayman 等（2016）的研究则发现正式的自由贸易协定和非正式的国际经济合作对出入境旅游流具有积极影响的证据。

尽管旅游引力模型在旅游需求计量相关研究中的应用十分成功，但是由于缺乏理论基础而被诟病。缺少相关理论对旅游引力模型参数的含义加以解释，导致基于旅游引力模型的政策工具缺乏理论上的合理性。为此，本书借鉴 Morley（1992）和 Morley 等（2014）的研究思路，基于微观经济理论中的效用理论推导出旅游引力模型，并采用面板数据计量方法估计中国出入境旅游的人民币汇率弹性。

第三节　基于效用理论的旅游引力模型构建

旅游需求文献中通常采用消费理论作为基础模型，并假定个体效用来源于访问不同的目的地和消费其他不同的商品。这样，代表性消费者的效用函数可以表示为

$$U_{ijt}=f\left(N_{ijt},Q_{it},\mathrm{ZO}_{it}^{s'},\mathrm{ZD}_{jt}^{p'}\right) \tag{5-6}$$

式中，U_{ijt} 为 t 时期消费者从客源地 i 前往目的地 j 旅游获得的效用；N_{ijt} 为 t 时期消费者从客源地 i 前往目的地 j 旅游的次数；Q_{it} 为消费者消费的其他商品数量；$\mathrm{ZO}_{it}^{s'}$ 为与客源地有关的 s'维度的地点特征向量；$\mathrm{ZD}_{jt}^{p'}$ 为与目的地有关的 p'维度的地点特征向量。消费者在选择特定的目的地时面临如下的约束条件：

$$\pi_{ijt}N_{ijt}+p_{it}Q_{it}\leqslant m_{it} \tag{5-7}$$

式中，π_{ijt} 为 t 时期消费者从客源地 i 前往目的地 j 旅游的成本；p_{it} 为消费者消费的其他商品的价格向量；m_{it} 为消费者的个人收入。

现在，消费者需要找到一个外出旅游次数和消费其他商品数量的最佳组合，使自身效用最大化。这一问题可以等价地表示为预算约束下的效用最大化问题：

$$\max_{Q_{it},N_{ijt}} U_{ijt} = f\left(N_{ijt}, Q_{it}, \mathrm{ZO}_{it}^{s'}, \mathrm{ZD}_{jt}^{p'}\right) \tag{5-8}$$

$$\begin{aligned} s.t. \quad & \pi_{ijt}N_{ijt} + p_{it}Q_{it} = M_{it} \\ & N_{ijt} \geqslant 0,\ Q_{it} \geqslant 0 \end{aligned} \tag{5-9}$$

为了求解这个线性规划问题，先构造拉格朗日函数：

$$L = f\left(N_{ijt}, Q_{it}, \mathrm{ZO}_{it}^{s'}, \mathrm{ZD}_{jt}^{p'}\right) - \lambda(\pi_{ijt}N_{ijt} + p_{it}Q_{it} - m_{it}) \tag{5-10}$$

式中，λ为拉格朗日乘数。根据拉格朗日定理，最优消费选择（N^*，Q^*）必须满足如下三个一阶条件：

$$\frac{\partial L}{\partial N_{ijt}} = 0 \tag{5-11}$$

$$\frac{\partial L}{\partial Q_{ijt}} = 0 \tag{5-12}$$

$$\frac{\partial L}{\partial \lambda} = 0 \tag{5-13}$$

求解上述方程组可以得到最优的旅游次数（N^*）和消费的其他商品的数量（Q^*）：

$$\begin{gathered} N_{11t}^* = n(p_{11t}, \pi_{11t}, m_{1t}, \mathrm{ZO}_{1t}^{s'}, \mathrm{ZD}_{1t}^{p'}) \\ N_{12t}^* = n(p_{12t}, \pi_{12t}, m_{1t}, \mathrm{ZO}_{1t}^{s'}, \mathrm{ZD}_{2t}^{p'}) \\ \vdots \\ N_{KKt}^* = n(p_{Kt}, \pi_{K(K-1)t}, m_{Kt}, \mathrm{ZO}_{Kt}^{s'}, \mathrm{ZD}_{Kt}^{p'}) \end{gathered} \tag{5-14}$$

$$Q_{it}^* = q(p_{it}, \pi_{ijt}, m_{it}, \mathrm{ZO}_{it}^{s'}, \mathrm{ZD}_{jt}^{p'}) \tag{5-15}$$

这样，可以得到最优消费选择的（间接）效用函数为

$$U_{ijt}' = f\left(N_{Ijt}^*, Q_{it}^*, \mathrm{ZO}_{it}^{s'}, \mathrm{ZD}_{jt}^{p'}\right) \tag{5-16}$$

代表性消费者的旅游需求确定以后，特定客源地 I 的消费者前往特定目的地 j 旅游的总需求可以表示为

$$N_{Ijt}=\sum_{i\in I}N_{ijt}^{*} \tag{5-17}$$

根据代表性消费者个体旅游需求的决定因素，总需求可以表示为

$$N_{Ijt}=F\left(p_{it},\pi_{ijt},m_{it},\mathrm{ZO}_{it}^{s'},\mathrm{ZD}_{jt}^{p'}\right) \tag{5-18}$$

式中，客源地 i 消费品的价格向量 p_i 可以被解释为客源地出境旅游者的推力因素，且 $p_i\in\mathrm{ZO}_i^s$；客源地消费者收入水平 m_{it} 可以用人均 GDP_i 来表示，且 $\mathrm{GDP}_i\in\mathrm{ZO}_i^s$；消费者从客源地 i 到目的地 j 旅游的平均成本 π_{ijt} 不仅包括交通成本在内的货币成本 ZOD_{ij}^r，也包括是否拥有共同语言和文化、是否接壤及是否拥有共同的宗教信仰等心理成本；目的地人均 GDP 可以被解释为目的地特征指标，作为目的地基础设施、安全、健康状况的代理变量。

采用常用的幂函数形式的旅游需求函数（Witt S F and Witt C A，1995），那么旅游总需求函数可以表示为

$$N_{Ijt}=\prod_{s=1}^{S}\left(\mathrm{ZO}_I^S\right)^{\alpha_s}\cdot\prod_{p=1}^{P}\left(\mathrm{ZD}_j^P\right)^{\beta_p}\cdot\prod_{r=1}^{R}\left(\mathrm{ZOD}_{Ij}^r\right)^{\xi_p} \tag{5-19}$$

式（5-19）两边取自然对数，并考虑变量的时间维度 t 可得

$$\ln N_{Ijt}=\alpha_0+\prod_{s=1}^{S}\alpha_s\cdot\ln(\mathrm{ZO}_{It}^S)+\prod_{p=1}^{P}\beta_P\cdot\ln(\mathrm{ZD}_{jt}^P)+\prod_{r=1}^{R}\zeta_r\cdot\ln(\mathrm{ZOD}_{Ijt}^r) \tag{5-20}$$

第四节　中国出入境旅游的人民币汇率弹性

一、估计模型与变量说明

考虑样本的代表性及样本数据的可获得性，本书选取中国入境旅游 22 个主要客源国作为研究样本，样本期为 2000～2015 年。样本分布较为合理，包括亚洲国家 9 个（日本、韩国、新加坡、马来西亚、菲律宾、印度尼西亚、印度、泰国、蒙古）、欧洲国家 9 个（英国、德国、法国、意大利、荷兰、葡萄

牙、瑞士、瑞典、俄罗斯)、美洲国家 2 个(美国、加拿大)和大洋洲国家 2 个(澳大利亚、新西兰)。22 个样本国家在中国入境旅游客源市场中所占份额约为 80%。以这 22 个客源国作为研究样本可以较为全面地反映中国入境旅游发展的总体情况。本书按中国出境旅游主要目的地排名,选取 7 个亚洲国家(印度尼西亚、日本、马来西亚、菲律宾、新加坡、韩国、泰国)、5 个欧洲国家(英国、德国、法国、意大利、俄罗斯)、2 个美洲国家(加拿大、美国)和 2 个大洋洲国家(澳大利亚、新西兰)作为样本,样本期为 1999～2015 年。

出入境旅游流决定因素的实证文献大多识别出四个主要的决定因素:实际有效汇率、相对价格、客源国 GDP 和交通成本(Cheng et al.,2013a; Song and Li,2008; Witt and Witt,1995)。

为了估计中国出入境旅游的人民币汇率弹性,本书基于理论模型式(5-20)分别构建如下的计量模型:

$$\begin{aligned}\text{arrivals}_{ijt} &= \alpha_0 + \alpha_1\text{ner}_{ijt} + \alpha_2\text{pergdp}_{it} + \alpha_3\text{pergdp}_{jt} + \alpha_4\text{totaltrade}_{jt} \\ &\quad + \alpha_5\text{dist}_{ij} + \alpha_6\text{rp}_{ijt} + \delta_1\text{CONTIG}_{ij} + \delta_2 D_{\text{SARS}} + \varepsilon_{ijt}\end{aligned} \tag{5-21}$$

$$\begin{aligned}\text{outbound}_{ijt} &= \alpha_0 + \alpha_1\text{ner}_{ijt} + \alpha_2\text{pergdp}_{it} + \alpha_3\text{pergdp}_{jt} \\ &\quad + \alpha_4\text{totalrade}_{jt} + \alpha_5\text{dist}_{ij} + \alpha_6\text{rp}_{ijt} + \varepsilon_{ijt}\end{aligned} \tag{5-22}$$

式(5-21)中,i 和 j 分别为目的地国家(中国)和客源国;t 为年度;α和 δ 为待估参数;ε_{ijt}为随机扰动项;式(5-22)中,i 和 j 分别表示目的地国家和客源国(中国);t、α、ε_{ijt}同式(5-21)。

式(5-21)和式(5-22)的被解释变量分别是中国入境旅游需求(arrivals_{ij})和中国出境旅游需求(outbound_{ij})。参考 Ouerfelli(2008)及 Song 等(2010)的做法,本书用中国出入境旅游人数衡量中国出入境旅游需求量。中国分国别入境旅游人数和出国旅游人数来源于历年《中国旅游统计年鉴》或国家旅游局数据中心内部数据。样本期内,样本国家来华旅游人数变化趋势如图 5-1 所示,中国公民出国旅游人数变化趋势如图 5-2 所示。

式(5-21)和式(5-22)中的解释变量包括客源国市场规模、目的地吸引力、阻力因素及其他控制变量,各解释变量的含义及其对被解释变量影响的预期方向见表 5-1。各解释变量的详细说明如下。

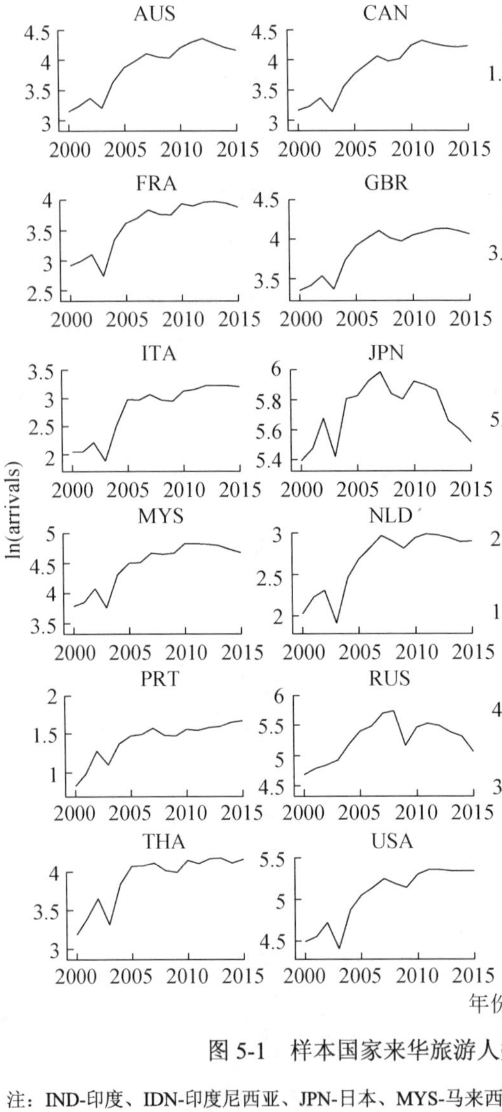

图 5-1 样本国家来华旅游人数（对数形式）变化趋势

注：IND-印度、IDN-印度尼西亚、JPN-日本、MYS-马来西亚、MNG-蒙古、PHL-菲律宾、SGP-新加坡、KOR-韩国、THA-泰国、GBR-英国、DEU-德国、FRA-法国、ITA-意大利、NLD-荷兰、PRT-葡萄牙、SWE-瑞典、CHE-瑞士、RUS-俄罗斯、CAN-加拿大、USA-美国、AUS-澳大利亚、NZL-新西兰。下同。

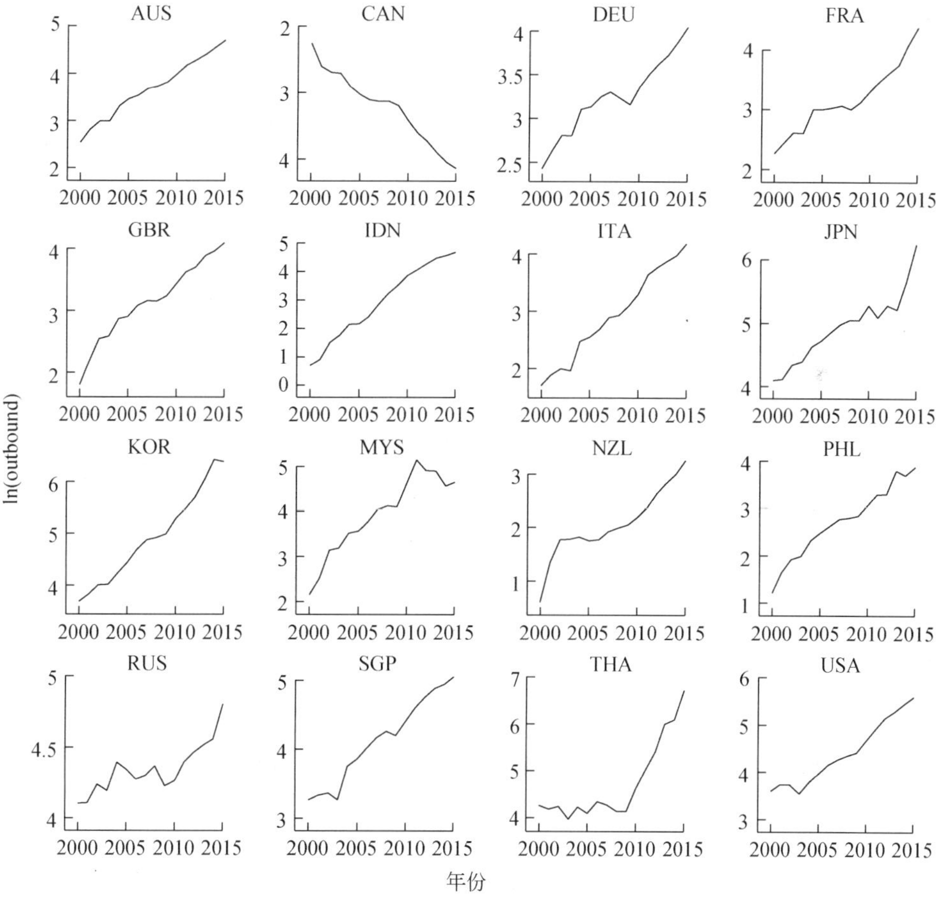

图 5-2 中国公民出境旅游人数（对数形式）变化趋势

表 5-1 中国出入境旅游需求计量模型解释变量描述

变量代码	变量名称	预期符号	变量说明
ner_{ij}	双边名义汇率	−/+	人民币兑样本国家货币相对汇率。人民币相对汇率升值，以人民币计价的中国入境旅游成本上升（以外币计价的中国出境旅游成本下降）
$pergdp_i$	目的地国家经济发展水平	+	反映目的地旅游吸引力大小。目的地国家人均 GDP 越高，其旅游吸引力越强

续表

变量代码	变量名称	预期符号	变量说明
$pergdp_j$	客源国人均收入水平	+	反映客源国潜在出游需求大小。客源国人均 GDP 越高，其潜在出游需求越大
$totaltrade_j$	双边贸易规模	+	反映客源国潜在出游规模大小。客源国人口规模越大，其潜在出游规模越大
$dist_{ij}$	样本国家与中国地理距离	−	反映交通成本（包括交通费用和时间成本）高低
rp_{ij}	相对价格	−/+	反映中国与样本国家的相对价格水平高低。相对价格提高，表明中国入境旅游成本上升（或中国出境旅游成本下降）
CONTIG	接壤	+	样本国家与中国是否接壤

（1）双边名义汇率（ner_{ij}）。汇率是影响出入境旅游需求的重要变量。一国货币贬值会使以本币计价的该国入境旅游价格下降，导致该国入境旅游需求增加；相反，一国货币升值会导致以本币计价的该国入境旅游产品价格提高，进而降低该国入境旅游需求。就出境旅游来说，一国货币升值会使以外币计价的出境旅游价格下降，对该国出境旅游需求具有促进作用；而一国货币贬值会使以外币计价的出境旅游价格提高，会抑制该国出境旅游需求。汇率波动对出入境旅游具有显著影响已被大量研究证实（Lee et al.，1996；Webber，2001；Dritsakis，2004a；Martins et al.，2017）。为了捕捉人民币兑样本国家货币的汇率波动对中国出入境旅游的影响，本书参考 Martins 等（2017）的做法，将人民币与样本国家货币的双边名义汇率（ner_{ij}）引入模型。ner_{ij} 上升，表明人民币兑客源国（或目的地国家）货币升值。双边名义汇率数据来源于国际货币基金组织国际金融统计（international financial statistics，IFS）数据库。

由图 5-3 可知，人民币兑不同样本国家货币的双边名义汇率总体变化趋势存在较大差异。由此可见，第四章基于总量数据的分析实际上无法揭示人民币汇率波动对各客源国来华旅游人数及中国赴主要目的地国家旅游人数的具体影响。

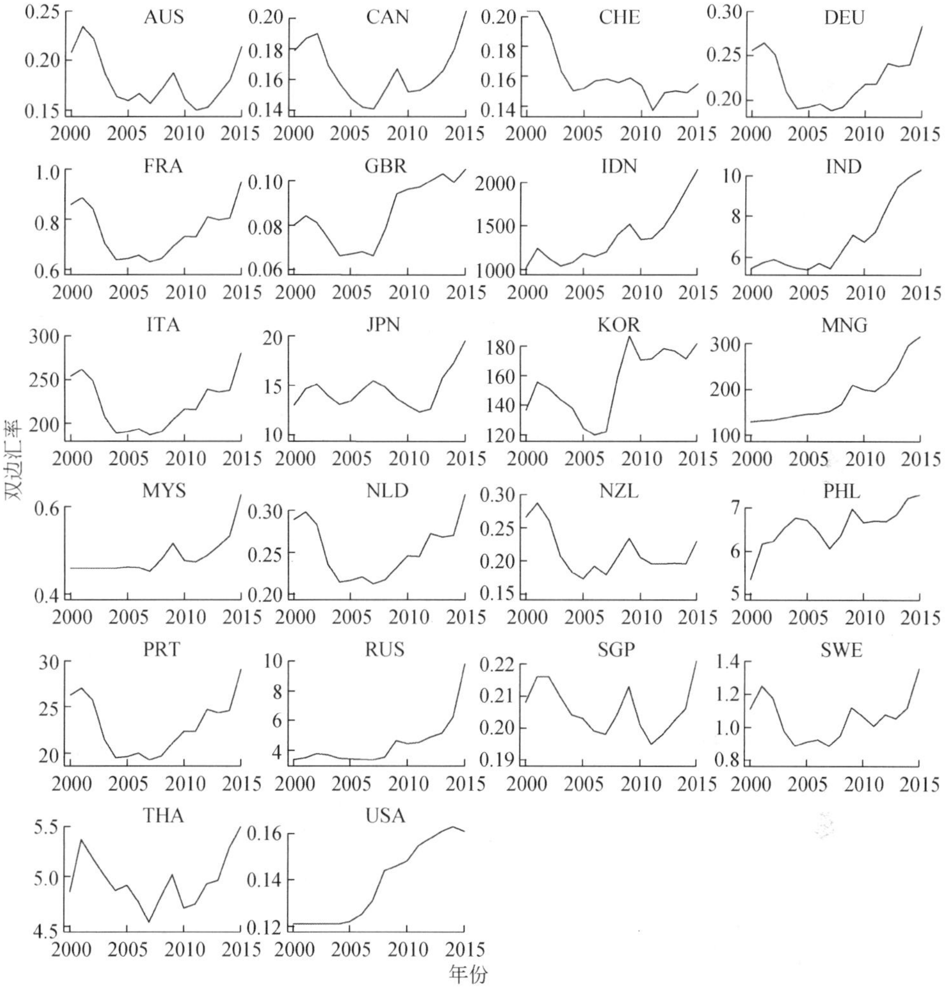

图 5-3 人民币与样本国家货币相对汇率波动趋势

（2）目的地国家经济发展水平（$pergdp_i$）。经济发展水平更高的目的地国家，通常也拥有更加完善的基础设施，人们能够接受更好的教育，能够享受更好的医疗健康服务，这些能够提高目的地国家的旅游吸引力，从而可以吸引更多的入境旅游者。实际上，一国经济发展水平已成为衡量其旅游竞争力的重要指标。本书参考 Eugenio-Martin 等（2008）的做法，用人均 GDP 作为经济发展水平的代理变量并引入模型。汇率难以准确反映不同国家货币购买力的真实比率，从而造成基于当前汇率的名义 GDP 指标偏差较大。基于购买力平价[①]（purchasing power parity，PPP）方法计算的 GDP 指标能够较为准确地反映不同国家经济实力的差别，便于国际之间的比较，本书采用该方法。按 PPP 计算的人均 GDP（2011 年不变价国际元）数据来源于世界银行世界发展指标（world development indicators，WDI）数据库。

（3）客源国人均收入水平（$pergdp_j$）。收入水平是旅游需求的重要决定因素之一。本书采用旅游需求文献（Ouerfelli，2008）中的常用做法，使用客源国人均国内生产总值衡量客源国人均收入水平（图 5-4）。客源国人均国内生产总值同样采用 PPP 方法计算，数据来源于世界银行 WDI 数据库。

（4）双边贸易规模（$totaltrade_{ij}$）。双边贸易规模可以反映客源国与目的地国家之间的贸易联系。双边贸易规模越大，双边商务旅游流规模也相应越大。本书参考 de Vita（2014）的做法，将双边贸易规模引入模型（图 5-5）。双边贸易规模数据来源于国际货币基金组织 IFS 数据库。

（5）相对价格（rp_{ij}）。出入境旅游者对价格非常敏感（Crouch，1992），目的地(相对)价格水平是影响目的地旅游需求的重要因素(Song et al.,2003)。人们在进行出国旅游决策过程中,会根据预算约束比较不同目的地国家的价格水平。相对价格是潜在旅游者选择目的地时重要的决策指标。参考 Uysal 和 Crompton（1984）、Martin 和 Witt（1987）及 Martins 等（2017）的做法，将相对价格（rp_{ij}）指标引入模型，从而反映入境游客在中国旅游的成本或中国游客在目的地国家旅游的相对成本。rp_{ij}=（中国消费价格指数 CPI_i/人民币兑美元汇率 exr_i）/（样本国家消费价格指数 CPI_j/样本国家货币兑美元汇率 exr_j）。消费价格指数数据及所有货币兑美元汇率数据均来源于国际货币基金组织 IFS 数据库。

（6）样本国家与中国地理距离（$dist_{ij}$）。交通成本是旅游成本的重要组成部分。由于交通成本构成的复杂性，目前仍缺乏令人满意的指标衡量跨境旅游的交通成本。因此，相关文献中通常采用地理距离作为交通成本（包含时间成

① 根据各国不同价格水平计算出来的货币之间的等值系数，以对各国 GDP 进行合理比较。

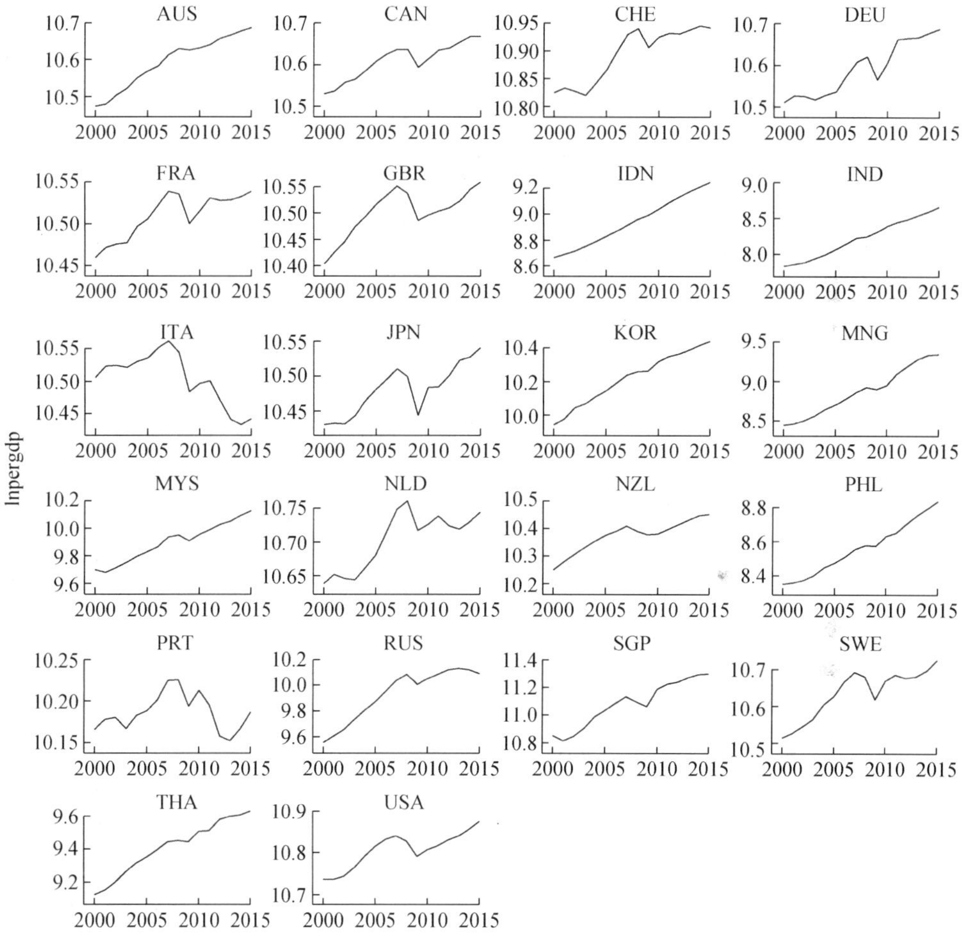

图 5-4　样本国家人均 GDP（对数形式）

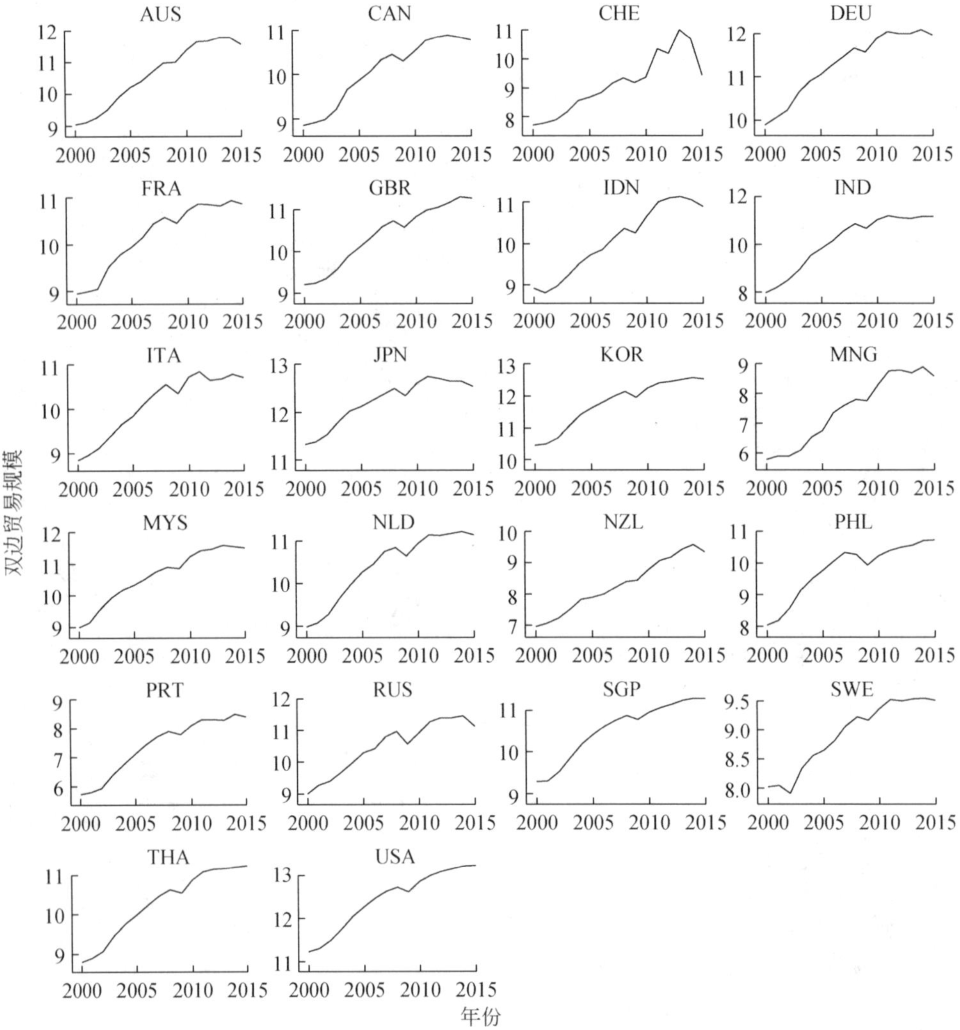

图 5-5　中国与样本国家双边贸易规模（对数形式）

本）的代理变量（Marrocu and Paci，2013）。在旅游引力模型中，客源国与目的地国家的地理距离是解释出入境旅游流的重要变量（Eryiğit et al.，2010；de Vita，2014）。本书借鉴 Mayer 和 Zignago（2011）的做法，用样本国家首都与中国首都北京之间的地理距离来衡量，所有数据均来源于 CEPⅡ数据库 dist_cepii 数据集。

（7）接壤（CONTIG）。客源国与目的地接壤通常意味着更低的交通成本及更加便利的出入境手续，能够促进跨境旅游的形成，即近邻效应（neighbouring effects）。两国是否接壤是双边贸易流量研究中常用的解释变量。因此，本书参考 Gil-Pareja 等（2007b）、Tavares 和 Leitão（2017）的做法，将样本国家与中国是否接壤（CONTIG）这个虚拟变量引入模型。如果样本国家与中国接壤，那么 CONTIG=1；否则 CONTIG=0。由于出境旅游样本国家中，与中国接壤的目的地国家仅有俄罗斯一国，出境旅游需求模型中并未引入该虚拟变量。

（8）SARS 疫情虚拟变量（D_{SARS}）。Song 等（2010）考察了 2003 年 SARS 疫情暴发对香港入境旅游造成的冲击，结果表明，SARS 疫情的确给香港入境旅游带来了显著的负面影响。而事实上从 2003 年 3 月 SARS 疫情暴发开始，中国入境旅游人数连续 6 个月同比负增长，直到 2003 年 9 月才得以恢复增长，这直接导致 2003 年中国入境旅游出现了 1989 年以来的首次下滑，当年中国入境旅游人数同比大幅下降 6.38%。因此，本书引入虚拟变量 D_{SARS} 考察 2003 年 SARS 疫情暴发是否对中国入境旅游发展造成显著影响。如果 t=2003，那么 $D_{\mathrm{SARS}}=1$；否则 $D_{\mathrm{SARS}}=0$。

二、估计方法

用面板数据建立的计量模型包括混合（Pooled）模型、固定效应（fixed effects，FE）模型和随机效应（random effects，RE）模型三类。面板数据分析的第一步便是对模型设定进行检验，模型设定直接决定了参数估计的有效性。针对入境旅游需求计量模型式（5-21），首先检验混合模型是否适用。F 检验拒绝了零假设，表明固定效应模型更适用；LM 检验拒绝了零假设，表明采用随机效应模型更好。接下来检验固定效应和随机效应模型中哪一个更适用。Hausman 检验结果表明，选择固定效应模型比随机效应模型更好。采用同样方法，进行出境旅游需求计量模型式（5-22）设定检验，结果与入境旅游需求计量模型设定检验结果类似（表 5-2、表 5-3）。

表 5-2　中国入境旅游面板数据模型设定检验

检验类型	原假设	检验统计量	结论
F 检验	H_0：$\mu_i=0$	F（7，233）=355.05 Prob>F=0	拒绝原假设。选择固定效应模型比混合模型好
LM 检验	H_0：Var（μ_i）=0	chi2（9）= 1644.82 Prob>chi2=0.00	拒绝原假设。选择随机效应模型比混合模型好
Hausman 检验	H_0: FE 与 RE 的系数差异是非系统的	chi2（7）= 213.91 Prob>chi2=0.00	拒绝原假设。选择固定效应模型比随机效应模型好

表 5-3　中国出境旅游面板数据模型设定检验

检验类型	原假设	检验统计量	结论
F 检验	H_0：$\mu_i=0$	F（5，251）=269.96 Prob>F=0	拒绝原假设。选择固定效应模型比混合模型好
LM 检验	H_0：Var（μ_i）=0	chi2（6）=1205.83 Prob>chi2=0.00	拒绝原假设。选择随机效应模型比混合模型好
Hausman 检验	H_0: FE 与 RE 的系数差异是非系统的	chi2（5）= 39.78 Prob>chi2=0.00	拒绝原假设。选择固定效应模型比随机效应模型好

但固定效应模型的主要缺点是无法估计非时间变化解释变量的参数。本书构建的旅游需求计量模型中含有地理距离等非时间变化解释变量，采取固定效应回归时非时间变化解释变量将被忽略。忽略地理距离这一影响游客目的地选择的重要解释变量会导致旅游需求计量模型中存在遗漏解释变量这一重大缺陷。

此外，目的地国家经济发展水平这一解释变量与被解释变量之间可能存在反向因果关系。目的地国家经济发展水平提高，可能增强目的地国家旅游吸引力，进而促进目的地国家入境旅游发展；而入境旅游发展又可能促进目的地国家经济发展水平的提高（Dritsakis，2004b；Lee and Chang，2008；Schubert et al.，2011；Du et al.，2016）。可能存在的反向因果关系使计量模型中目的地国家经济发展水平这一解释变量存在内生性问题，导致模型参数估计的结果是有偏的甚至非一致的。

豪斯曼—泰勒估计量（Hausman and Taylor，1981）不但能够解决解释变量的内生性问题，还可以估计非时间变化解释变量的参数。本书使用 HT/IV 估计方法（HT/IV）分别估计式（5-21）和式（5-22）中各解释变量参数，从而得到包括非时间变化解释变量（如地理距离）在内的全部解释变量参数的一致估计。作为参照，本书也给出了 OLS、FE、RE 及 FGLS（feasible generalized least squares）估计的结果。式（5-21）和式（5-22）参数估计使用 STATA13.0 软件完成，估计结果分别见表 5-4 和表 5-5。除了虚拟解释变量，其他所有解释变量及被解释变量均取自然对数之后进行参数估计。

表 5-4　中国入境旅游的人民币汇率弹性估计结果

解释变量	被解释变量：中国入境旅游需求［ln（$arrivals_{ij}$）］				
	OLS	FE	RE	FGLS	HT/IV
ln（ner_{ij}）	−0.0163	−0.506***	−0.276***	−0.0430***	−0.405***
	（0.0140）	（0.0594）	（0.0418）	（0.0103）	（0.0520）
ln（$pergdp_i$）	−0.480***	0.353***	0.173***	−0.0719	0.305***
	（0.0804）	（0.0600）	（0.0585）	（0.0634）	（0.0589）
ln（$pergdp_j$）	0.0176	0.420***	0.133	0.104***	0.326***
	（0.0519）	（0.0949）	（0.0847）	（0.0271）	（0.0906）
ln（$totaltrade_{ij}$）	0.653***	0.191***	0.306***	0.423***	0.223***
	（0.0235）	（0.0338）	（0.0320）	（0.0124）	（0.0329）
ln（rp_{ij}）	0.0253**	−0.240***	−0.136***	0.0208**	−0.238***
	（0.0114）	（0.0528）	（0.0380）	（0.00839）	（0.0467）

续表

解释变量	被解释变量：中国入境旅游需求［ln（$arrivals_{ij}$）］				
	OLS	FE	RE	FGLS	HT/IV
ln（$dist_{ij}$）	-0.809^{***}	—	-1.298^{***}	-0.995^{***}	-0.503^{***}
	（0.0573）	—	（0.249）	（0.0272）	（0.109）
CONTIG	0.773^{***}	—	1.119^{**}	0.650^{***}	2.343^{***}
	（0.101）	—	（0.437）	（0.111）	（0.860）
D_{SARS}	-0.308^{***}	-0.330^{***}	-0.323^{***}	-0.309^{***}	-0.328^{***}
	（0.118）	（0.0285）	（0.0305）	（0.0178）	（0.0286）
常数项	8.074^{***}	-4.919^{***}	9.137^{***}	7.484^{***}	—
	（0.824）	（0.911）	（2.094）	（0.503）	—
N	352	352	352	352	352
R^2	0.825	0.898	—	—	—

注：括号内的值为估计系数的标准差；FGLS 估计是考虑同时存在组间异方差、同期相关及组内自相关的情形；**、***分别表示 5%、1%的显著性水平。

表 5-5　中国出境旅游的人民币汇率弹性估计结果

解释变量	被解释变量：中国出境旅游需求［ln（$outbond_{ij}$）］				
	OLS	FE	RE	FGLS	HT/IV
ln（ner_{ij}）	-0.0410^{**}	0.292^{*}	0.0321	-0.0425^{***}	0.233^{*}
	（0.0160）	（0.173）	（0.0611）	（0.0105）	（0.131）
ln（$pergdp_i$）	0.156^{**}	0.433	0.488^{**}	0.271^{***}	0.468^{*}
	（0.0701）	（0.290）	（0.199）	（0.0601）	（0.266）
ln（$pergdp_j$）	0.709^{***}	0.664^{***}	1.180^{***}	1.166^{***}	0.869^{***}
	（0.111）	（0.215）	（0.167）	（0.0487）	（0.200）
ln（$totaltrade_{ij}$）	0.455^{***}	0.420^{***}	0.146	0.261^{***}	0.307^{***}
	（0.0474）	（0.122）	（0.0935）	（0.0157）	（0.112）
ln（rp_{ij}）	−0.00304	0.873^{***}	0.0719	-0.0192^{**}	0.579^{***}
	（0.0154）	（0.172）	（0.0608）	（0.00822）	（0.132）

续表

解释变量	被解释变量：中国出境旅游需求［ln（$outbond_{ij}$）］				
	OLS	FE	RE	FGLS	HT/IV
ln（$dist_{ij}$）	-0.649^{***}	—	-0.930^{***}	-0.805^{***}	-1.497^{***}
	（0.0733）	—	（0.298）	（0.0253）	（0.297）
常数项	-3.434^{***}	-12.25^{***}	-5.462^{*}	-5.184^{***}	—
	（1.036）	（2.749）	（2.811）	（0.680）	—
N	272	272	272	272	272
R^2	0.756	0.843	—	—	—

注：括号内的值为估计系数的标准差；FGLS 估计是考虑同时存在组间异方差、同期相关以及组内自相关的情形；*、**、***分别表示 10%、5%、1%的显著性水平。

三、中国入境旅游需求弹性估计结果

（1）双边名义汇率对中国入境旅游需求的影响。双边名义汇率［ln（ner_{ij}）］的估计系数显著为负，这与理论预期是一致的，也与 Lee 等（1996）、Webber（2001）、Dritsakis（2004a）及 Martins 等（2017）的研究结果一致。由模型估计结果可以发现，中国入境旅游需求的汇率弹性为-0.405，也就是说，人民币兑客源国货币的双边名义汇率升值 1%，中国入境旅游需求下降 0.405%。近年来，人民币兑大多数客源国货币总体保持升值趋势，这使中国入境旅游产品价格相对提高，导致中国旅游业价格竞争力下降，对中国入境旅游发展产生了显著的负面影响。

（2）中国经济发展水平对中国入境旅游需求的影响。中国经济发展水平［ln（$pergdp_i$）］的估计系数显著为正，这与 Eugenio-Martin 等（2008）的研究结果一致。由模型估计结果可以发现，中国经济发展水平的估计系数为 0.305，也就是说，中国经济发展水平提高 1%，中国入境旅游需求增加 0.305%。随着中国经济发展水平的不断提高，国家对基础设施、教育和医疗健康等公共服务领域的投入力度越来越大，使中国旅游吸引力不断提升，从而促进中国入境旅游发展。

（3）客源国人均收入水平对中国入境旅游需求的影响。客源国人均收入水平［ln（$pergdp_j$）］的估计系数显著为正，这与 Ouerfelli（2008）的研究结果一致。由模型估计结果可以发现，客源国人均收入水平的估计系数为 0.326，也就是说，客源国人均收入水平提高 1%，中国入境旅游需求增加 0.326%。20 世纪 90 年代以来，各客源国人均收入水平整体保持较快的增长速度。客源国人均收入水平的稳步增长为中国入境旅游的发展创造了重要前提条件。

（4）双边贸易规模对中国入境旅游需求的影响。双边贸易规模［ln（$totaltrade_{ij}$）］的估计系数显著为正，这与 de Vita（2014）的研究结果一致。由估计结果可以发现，双边贸易规模的估计系数为 0.223，也就是说，双边贸易规模提高 1%，中国入境旅游需求增加 0.223%。双边贸易规模越大，双边商务旅游流也越大。

（5）相对价格对中国入境旅游需求的影响。相对价格（rp_{ij}）的估计系数显著为负，这与 Uysal 和 Crompton（1984）、Martin 和 Witt（1987）及 Martins 等（2017）的研究结果一致。由模型估计结果可以发现，相对价格估计系数为 -0.238，也就是说，相对价格提高 1%，中国入境旅游需求下降 0.238%。近年来，随着中国国内价格水平的不断提高，中国对大多数样本国家的相对价格水平明显提高，表明样本国家游客来中国旅游的成本也相对提高。

（6）客源国与中国地理距离对中国入境旅游需求的影响。客源国与中国地理距离［ln（$dist_{ij}$）］的估计系数显著为负，这与 Eryiğit 等（2010）、Marrocu 和 Paci（2013）的研究结果一致。由模型估计结果可以发现，客源国与中国地理距离的估计系数为-0.503，也就是说，客源国与中国地理距离提高 1%，中国入境旅游人数下降 0.503%。交通成本在游客跨境旅游总支出所占比重较大。预算约束下，跨境旅游者通常倾向于选择地理距离较近的目的地国家。从 2015 年中国主要旅游客源国分布（附表 2）来看，来华旅游人数超过 100 万人次的客源国主要是与中国地理距离较近的亚洲国家，这也从一个侧面印证了本书的研究结论。

（7）接壤对中国入境旅游的影响。接壤（CONTIG）的估计系数显著为正，即存在近邻效应，这与 Gil-Pareja 等（2007b）、Tavares 和 Leitão（2017）的研究结果是一致的。该变量的估计系数为 2.343，也就是说，如果客源国与中国接壤，那么该客源国来华旅游人数会增加 2.343%。接壤意味着更低的交通成本及更加便利的出入境手续，有利于跨境旅游流的形成。

（8）SARS 疫情对中国入境旅游的影响。SARS 疫情虚拟变量（D_{SARS}）的估计系数显著为负，表明 2003 年 SARS 疫情暴发的确对中国入境旅游发展造成了显著的负面影响。该变量的估计系数为-0.328，表明 2003 年 SARS 疫情暴发导致中国入境旅游人数下降 0.328%。由图 5-1 可知，2000 年以来，各样本国家来华旅游人数总体保持增长趋势。但是，2003 年除了俄罗斯和印度两个国家来华旅游人数保持增长，其他 20 个样本国家来华旅游人数均显著下降。

四、中国出境旅游需求弹性估计结果

（1）双边名义汇率对中国出境旅游需求的影响。双边名义汇率［ln（ner_{ij}）］的估计系数显著为正，这与 Lee 等（1996）、Webber（2001）、Dritsakis（2004a）及 Martins 等（2017）的研究结果一致。由估计结果可以发现，中国出境旅游需求的汇率弹性为 0.233，也就是说，人民币兑客源国货币的双边名义汇率升值 1%，中国出境旅游需求提高 0.233%。近年来，人民币兑大多数目的地国家货币总体保持升值趋势，使中国出境旅游成本相对下降，对中国出境旅游发展产生了显著的促进作用。

（2）目的地国家经济发展水平对中国出境旅游需求的影响。目的地国家经济发展水平［ln（pergdp_i）］的估计系数显著为正，这与 Eugenio-Martin 等（2008）的研究结果一致。由估计结果可以发现，目的地国家经济发展水平的估计系数为 0.468，也就是说，目的地国家经济发展水平提高 1%，中国出境旅游需求增加 0.468%。

（3）客源国人均收入水平对中国出境旅游需求的影响。中国人均收入水平［ln（pergdp_j）］的估计系数显著为正，这与 Ouerfelli（2008）的研究结果一致。

由估计结果可以发现，中国人均收入水平的估计系数为 0.869，也就是说，中国人均收入水平提高 1%，中国出境旅游需求增加 0.869%。20 世纪 90 年代以来，中国人均收入水平整体保持较快增长速度，为中国出境旅游的发展创造了重要前提条件。

（4）双边贸易规模对中国出境旅游需求的影响。双边贸易规模［$\ln(totaltrade_{ij})$］的估计系数显著为正，这与 de Vita（2014）的研究结果一致。由估计结果可以发现，双边贸易规模的估计系数为 0.307，也就是说，双边贸易规模提高 1%，中国出境旅游需求增加 0.307%。近年来，中国对外贸易的快速发展带动了出境商务旅游的快速发展。

（5）相对价格对中国出境旅游需求的影响。相对价格（rp_{ij}）的估计系数显著为正，这与 Uysal 和 Crompton（1984）、Martin 和 Witt（1987）及 Martins 等（2017）的研究结果一致。由估计结果可以发现，相对价格估计系数为 0.579，也就是说，相对价格提高 1%，中国出境旅游需求提高 0.579%。近年来，随着中国国内价格水平的不断提高，中国对大多数目的地国家的相对价格水平明显提高，表明中国游客在目的地国家的旅游成本相对下降。

（6）客源国与中国地理距离对中国入境旅游需求的影响。客源国与中国地理距离［$\ln(dist_{ij})$］的估计系数显著为负，这与 Eryiğit 等（2010）、Marrocu 和 Paci（2013）的研究结果一致。由估计结果可以发现，客源国与中国地理距离的估计系数为-1.497，也就是说，客源国与中国地理距离提高 1%，中国出境旅游人数下降 1.497%。交通成本在游客跨境旅游总支出中所占比重较大。预算约束下，跨境旅游者通常倾向于选择地理距离较近的目的地国家。

第五节　本章小结

第四章基于总量数据的分析只能从总体上分析人民币汇率波动对中国出入境旅游的影响，但不能区分人民币兑不同国家货币汇率的实际变化对中国出入境旅游产生的不同影响。为了避免总量误差，本章从双边旅游流对双边货币汇率波动的反应角度进一步深入分析了人民币汇率波动对中国出入境旅游的具体影响。本章基于消费者效用理论推导出的旅游引力模型，利用中国出入境旅游面板数据实证检验中国出入境旅游的人民币汇率弹性。在中国出入境旅游需求计量模型中，控制了客源国人均收入水平、目的地国家经济发展水平、双边贸易规模、样本国家与中国地理距离和相对价格等解释变量对中国出入境旅游的影响，使用 HT/IV 估计方法估计得到更加稳健、可靠的研究结果。实证结果表明，中国入境旅游的人民币汇率弹性显著为负，而中国出境旅游的人民币汇率弹性显著为正。也就是说，人民币兑客源国货币升值对中国入境旅游发展造成了显著的负面影响，而人民币兑目的地国家货币升值则显著地促进了中国出境旅游发展。

值得注意的是，不同类型游客对旅游产品需求偏好存在差异，对价格的敏感程度也不同，使汇率波动对不同类型游客出游行为的影响可能存在较大差异。如果能够获得按不同出游目的细分的中国出入境旅游资料，则可以进一步深入分析人民币汇率波动对不同类型入境旅游需求及不同类型出境旅游需求的影响，从而得到更加全面的研究结论。

第六章　结论与政策建议

第一节　主要研究结论

一、关于汇率波动对出入境旅游的作用机理的结论

传统的国际收支理论认为，一国汇率波动会导致贸易商品相对价格发生变化，进而引起进出口数量发生变动，最终导致该国贸易收支的变动。以上结论成立的前提条件是“汇率波动对价格的传导是完全的”。但实际中汇率波动对价格的传导往往是不完全的。如果汇率传导不完全，那么汇率波动对贸易收支的影响不仅取决于汇率传导程度，还取决于贸易数量对进出口价格的弹性大小。1973 年布雷顿森林体系崩溃后，各国之间的汇率波动显著增大，汇率波动与贸易的关系引起了广泛关注，但相关理论研究及实证分析并没有得到一致的结论。

本书通过构建初步的传导机制模型，刻画了汇率波动通过何种路径影响出入境旅游发展。研究认为，通过价格传导及心理预期传导，汇率波动会影响人们的出游决策、消费行为及消费结构，并最终带来出入境旅游流流量和流向的变化。

二、关于汇率波动对中国出入境旅游长期影响的结论

使用 Census X12 方法对中国出入境旅游人数月度时间序列进行季节调

整，并使用 HP 滤波方法将季节调整后的中国出入境旅游人数时间序列中的长期趋势和循环要素进行分解，得到中国出入境旅游人数长期趋势序列，进而分析中国出入境旅游发展的长期趋势。在此基础上，使用协整检验和格朗杰因果关系检验方法实证分析人民币实际有效汇率波动对中国出入境旅游的长期影响。研究发现，人民币实际有效汇率是中国出入境旅游发展的格朗杰原因。即近年来人民币实际有效汇率升值显著地推动了中国出境旅游增长，同时也成为阻碍中国入境旅游增长的重要原因。

随着人民币国际化步伐的加快，离岸市场人民币交易持续增加，对人民币的需求大幅提高，人民币汇率中长期趋势的升值判断并未逆转。特别是在国际经济复苏乏力、出入境旅游市场竞争不断加剧的背景下，人民币中长期升值和中国各地出现的大范围雾霾天气的叠加影响，使中国入境旅游发展面临前所未有的巨大挑战。

而随着中国国民收入的持续稳定增长和旅游消费升级的推动，境外旅游目的地国家和地区对中国游客放宽签证政策及中国游客海外消费环境的逐步改善，中国出境旅游消费需求依然旺盛。尤其是人民币实际有效汇率大幅升值显著降低了中国居民出境旅游成本，大大激发了中国居民出境旅游热情，中国出境旅游仍将保持较长时期的增长。

三、关于中国出入境旅游的人民币汇率弹性的结论

本书基于微观经济学中的消费者效用理论推导出旅游引力模型，利用中国出入境旅游人数面板数据，从双边旅游流对双边货币汇率波动的反应角度进一步深入分析了中国出入境旅游的人民币汇率波动弹性。本书在控制了客源国人均收入水平、目的地国家经济发展水平、双边贸易规模、样本国家与中国地理距离和相对价格等解释变量对中国出入境旅游的影响的基础上，使用 HT/ IV 估计方法得到了更加稳健、可靠的研究结果。研究结果表明，中国入境旅游的人民币汇率弹性显著为负，而中国出境旅游的人民币汇率弹性显著为正，其他控制变量对中国出入境旅游人数的影响方向也符合理论预期。也就是说，人民

币兑客源国货币升值对中国入境旅游发展造成了显著的负面影响，而人民币兑目的地国家货币升值则显著地促进了中国出境旅游发展。

在人民币汇率中长期升值预期下，旅游相关部门应该针对人民币兑中国主要旅游客源国的汇率波动情况，科学分析人民币汇率波动对主要客源国来华旅游人数的具体影响，准确研判中国入境旅游市场地理结构演化特征和趋势。在此基础上，旅游相关部门应该统筹思考如何通过旅游产品创新开发、加强海外市场宣传推广、放宽签证政策、简化入境手续和免税购物等综合性政策设计，降低人民币升值对中国入境旅游发展造成的负面冲击。

人民币汇率升值显著降低了中国游客出境旅游成本，大大激发了国民出境旅游热情，“跟着汇率去旅游”已成为中国出境旅游发展的新趋势。2016 年，中国出境旅游人数达 1.35 亿人次，出境旅游消费达 1098 亿美元，但全国持有有效因私普通护照人数不到总人口的 10%，出境旅游总出游率不到 0.1 次。特别是出境旅游渗透率依然较低，中国公民出国旅游依然还有很大的发展空间。本书认为，应正确认识中国出境旅游所处的发展阶段，充分利用中国出境旅游快速发展带来的中外经济和文化等各领域交流机会的增多有利条件，借助中国出境旅游大发展的契机，输出中国文化，提升国家文化软实力。鼓励中国企业“走出去”，运用人才、资本、技术、渠道和品牌等手段广泛参与出入境旅游产业分工，逐步建立完善的海外旅游接待体系，全面参与全球旅游市场竞争，通过商业存在和自然人流动等方式回流境外旅游消费，抵消人民币升值造成的巨额外汇流失。

第二节　旅游在国际政治经济关系中发挥重要作用

一、旅游是政治外交的润滑剂和催化剂

国家间尚未正式建交或者政治关系紧张的情形下，交流和沟通变得十

分困难。而旅游可以作为打破僵局的有效途径，成为改善双边政治关系的“润滑剂”。被称作“民间外交”的旅游往来作为一种有利于国家利益普遍性与特殊性实现的手段，在很多情况下已成为对外行为的基本选择。而在双边关系良好时，旅游可以拓宽交流渠道，强化合作，成为发展双边关系的“催化剂”。

旅游作为一种跨文化交往行为，不论在民间还是官方，均能起到互通双边关系的桥梁作用。互通旅游对消解双边之间的误会和隔阂、改善双边关系发挥重要作用，对改善双边关系甚至具有“破冰”“融冰”的作用。旅游加深了人民之间的相互了解，这对巩固、发展中国与世界各国家和地区的友好关系的基础非常重要。

20 世纪 60 年代，为打破第二次世界大战后中日两国的政治坚冰，国家就采取了“民间先行，以民促官”推动中日关系发展的方针。在这一方针指导下，中日两国民间团体举办了以旅游作为重要内容的一系列民间交往活动。双边旅游往来促进了信息互动和民众相互认知，推动了中日邦交正常化和中日关系的正常发展。20 世纪 90 年代以来，中国出境旅游的快速发展引起全球瞩目。世界各国高度重视中国出境旅游市场的巨大潜力，希望加强与中国在旅游领域的交流与合作，并成为中国公民自费出境旅游目的地。截至 2018 年 5 月 1 日，中国正式开展组团业务的出境旅游目的地国家和地区已达 128 个（附表 1）。目前，中国游客的脚步遍布包括南极、北极在内的世界各个角落。游客基数大、出游范围广、消费能力强，已成为中国出境游客的群体特征。

2015 年 1 月，原国家旅游局局长李金早在全国旅游工作会议上正式提出“旅游外交”这个重要概念，并将“开拓旅游外交”作为中国旅游“515 战略”的重要内容。2015 年 9 月 16 日，李金早在《人民日报》刊文指出，出入境旅游市场已成为发出中国声音、讲好中国故事、加强与世界联系的重要平台和对外交往合作的重要抓手。旅游外交活动已纳入国家外交战略整体统筹。2015~2016 年，中国举办了中韩、中印、中美、中国—中东欧、中墨等 5 个旅游年活动，2017 年举办了中瑞、中澳、中丹、中哈、中国—东盟等 5 个旅游年活动。旅游外交很好地回避了国家间在政治上的分歧、矛盾和敏感问题，有利于改善国际政治关系，是传统外交手段的重要补充。中国国家领导人多次出席以旅游为主题的对外交往活动，旅游外交已成为中国对外关系与交流往来中的新亮点和新领域。

二、旅游能够推动世界和平发展

出入境旅游活动中，人们走出国门、走向世界，通过人际接触与交往，加深相互了解，实现对异域人群、文化的理解和欣赏，促进不同文化相互渗透与融合，促进不同政治制度和意识形态之间相互借鉴。通过缩小分歧、扩大共识，旅游可以有效地缓和以至消除可能引起战争或由战争造成的紧张局势，创造世界和平氛围。

1980 年 9 月 27 日～10 月 10 日，菲律宾马尼拉世界旅游会议通过的《马尼拉世界旅游宣言》指出，在改善国际关系与寻求建立在公正和尊重个人及国家愿望之上的和平方面，旅游不仅是一个促进相互了解和理解的积极的、永久的因素，也是实现世界各国人民之间更高程度尊重和信任的基础。旅游可以成为世界和平的重要力量，并能为国际理解和相互依赖提供道义和理智的基础。UNWTO 曾在多次国际会议及其相关法律文件中反复强调旅游作为国际了解与和平使者的工具性作用，并试图通过在世界旅游日宣传口号中倡导和平主题，使“旅游是世界和平动力”这一观念深入人心，并在各国交往中充分发挥其潜能。1980 年以来的世界旅游日宣传口号中有 6 年使用“和平”这一主题。“旅游促进和平”成为首届世界旅游发展大会的重要议题。UNWTO 秘书长塔勒布 • 瑞法依（Taleb Rifai）指出，旅游业是和平和发展的一个非常重要的领域，这个行业让人们脸上带上笑容，互相之间获得交流和理解，对未来充满希望。世界上许多国家的领导人和政治家均高度认可旅游对促进世界和平的作用。圣雄甘地曾说过，我看到天南海北的文化飘绕过我的庭院，清风吹来了和平的种子，因为旅行是和平的语言。约翰 • F. 肯尼迪（John F. Kennedy）指出，旅行已成为促进和平与理解的重要力量。当人们周游世界，学会相互认识、理解对方习俗和欣赏各国人民的品质时，正在建立一个国际理解的新层面，这种理解可以有效改善人们对世界和平的态度。李克强在首届世界旅游发展大会开幕式致辞中强调：“旅游可以加深理解、减少偏见、增进包容，在促进世界和平中有着独特作用。”而对澳大利亚、加拿大、英国、土耳其、韩国和美国所进行的跨国实证研究为旅游能够促进不同文化间的了解与世界和平提供了佐证①。

I have watched the cultures of all lands blow around my house and other winds have blown the seeds of peace, for travel is the language of peace.

Mahatma Gandhi, cited in Theobald (1994)②

Travel has become one of the great forces for peace and understanding in our time. As people move throughout the world and learn to know each other, to understand each other's customs and to appreciate the qualities of individuals of each nation, we are building a level of international understanding which can sharply improve the atmosphere for world peace.

John F. Kennedy (1963)③

需要注意的是，长期以来东道国（地区）在旅游产品设计和供给上过于偏重自然景观与旅游购物，而对文化旅游重视不够或将本土文化过度商品化，造成外来游客与东道国（地区）居民很难有机会或足够的时间进行近距离接触与深层次交流，很多情况下游客只能在虚拟的旅游活动项目中寻求快乐与满足，一定程度上限制了旅游对促进世界和平发展所能发挥的积极作用。

三、旅游能够促进国际经济合作

旅游业作为新兴的第三产业在当今各大经济体中均占据重要位置。发展出入境旅游能够优化投资环境，促进各国相互了解和互信，提升国家的国际知名度和认同度，展示各国的良好形象。而国家形象的塑造又可以从经济领域转化

① 威廉・瑟厄波德. 2001. 全球旅游新论[M].张广瑞，等译.北京：中国旅游出版社.
② Theobald W. 1994. Global Tourism, The Next Generation. Oxford, UK: Butterworth-Heinemann.
③ Kennedy J F. 1963. The Saturday Review, January 5.

为实实在在的经济、社会资源，夯实国际经济长期稳定发展的基础，为各自的经济发展创造良好的双边环境，增强民众到对方国家投资的信心，降低对投资风险的预计，增加投资意向，拓展国家间在经济领域开展合作的活动空间。出入境旅游合作已成为经济全球化和区域经济一体化进程中的一个普遍议题。旅游已成为“一带一路”倡议、东盟—湄公河流域开发合作、大湄公河次区域经济合作、中亚区域经济合作、图们江地区开发合作以及孟中印缅经济走廊、中巴经济走廊等区域和次区域合作的重要切入点，为促进区域经济一体化提供了契机。

近年来，中国先后与俄罗斯、法国、泰国、美国、意大利、印度尼西亚等互办旅游年、旅游月等国家层面的专项活动，通过旅游交流密切双方的经济联系。其中，2012～2013 年，中国和俄罗斯成功互办“旅游年”，活动规模宏大、内容丰富、形式多样，推动了两国民间交流，进一步夯实了两国全面战略协作伙伴关系的人文基础，并以旅游带动经济发展。中俄旅游合作为两国经济发展注入了新的活力。目前，俄罗斯是中国第三大旅游客源国，而中国已成为俄罗斯第二大旅游客源国。对处境困难的俄罗斯经济来说，开展与中国的旅游往来无疑是一个新的经济增长点。中俄之间的旅游合作为两国进一步扩大在天然气、石油、煤炭、电力、核能、可再生能源等领域的合作奠定了良好的基础。

四、旅游有助于推动国际关系民主化

国际关系民主化就是以统治和服从为特征的强权型国际关系向以独立自主、平等参与、互利合作为特征的民主型国际关系的转化。国际关系民主化包括国际政治关系民主化和国际经济关系民主化。

在各国努力建立国际政治经济新秩序过程中，旅游能够在促进各国平等、合作、相互了解及团结方面发挥积极作用。《世界人权宣言》及许多国际公约都将使用闲暇时间的权利，特别是由于工作权利而带来的度假、旅行和旅游自由的权利视为实现人类自身价值的重要方面。为了实现这个目标，需要各国将旅游政策纳入他们各级的全盘发展政策，并扩大双边、多边包括同 UNWTO 在内的旅游合作。这不仅符合各方共同利益，也有力地推动了国际关系民主化进程。2012～2013 年，中国和俄罗斯成功互办“旅游年”，拉动了两国旅游业的发展，增进了两国民众相互了解和传统友谊，促进两国在能源等其他领域开展更加广泛的合作，推动了两国关系长远发展，在国际上产生了广泛、积极的影响。在此基础上，中国和韩国在 2015~2016 年互办“旅游年”。旅游领域的国际合作对加速推进世界多极化与国际关系民主化产生了重要的示范意义。

五、旅游是平衡国际收支的有效手段

《马尼拉世界旅游宣言》强调，旅游在国民经济和国际贸易中所占的份额使其成为世界发展的一个重要因素。旅游业在国民经济、国际交易、确保国际收支平衡等方面持续发挥的重要作用使其成为一项重要的世界经济活动。2016 年，全球服务贸易出口额为 4.77 万亿美元，其中旅游服务贸易占全球服务贸易总额的 25.10%。旅游服务贸易已成为国际服务贸易的最大组成部分。

改革开放初期，为适应经济对外开放的需要和急需外汇的现实，中国选择了优先发展入境旅游的非常规旅游发展模式，旨在通过旅游创汇缓解当时中国经济建设中的外汇短缺。旅游业创造了获取外汇的重要途径，旅游创汇收入曾作为中国外汇收入的主要来源之一，对填补外汇收支缺口做出了重要贡献（表 6-1、表 6-2）。

表 6-1　1982～2007 年中国国际收支平衡表简表（节选）

项目	1982 年	1990 年	1995 年	2000 年	2001 年	2002 年	2003 年	2004 年	2005 年	2006 年	2007 年
一. 经常账户差额	57	120	16	205	174	354	431	689	1 324	2 318	3 532
贷方	254	608	1 543	2 990	3 179	3 875	5 196	7 032	9 039	11 478	14 684
借方	197	488	1 526	2 785	3 005	3 521	4 766	6 342	7 715	9 160	11 152

续表

项目	1982 年	1990 年	1995 年	2000 年	2001 年	2002 年	2003 年	2004 年	2005 年	2006 年	2007 年
A. 货物和服务差额	48	107	120	289	281	374	358	512	1 246	2 089	3 080
贷方	237	574	1 472	2 796	2 994	3 654	4 850	6 583	8 369	10 617	13 423
借方	189	467	1 353	2 507	2 713	3 280	4 492	6 071	7 123	8 528	10 342
a. 货物差额	42	92	181	345	340	442	444	590	1 342	2 177	3 159
贷方	211	515	1 281	2 491	2 661	3 257	4 383	5 934	7 625	9 697	12 201
借方	169	424	1 101	2 147	2 321	2 815	3 939	5 344	6 283	7 519	9 041
b. 服务差额	6	15	−61	−56	−59	−68	−85	−78	−96	−88	−79
贷方	26	59	191	304	333	397	468	649	744	920	1 222
借方	20	44	252	360	393	465	553	727	840	1 008	1 301
1. 运输差额	−1	−10	−62	−67	−67	−79	−103	−125	−130	−134	−120
贷方	12	22	34	37	46	57	79	121	154	210	313
借方	12	32	95	104	113	136	182	245	285	344	433
2. 旅行差额①	8	17	50	31	39	50	22	60	75	96	74
贷方	8	22	87	162	178	204	174	257	293	339	372
借方	1	5	37	131	139	154	152	197	218	243	298

① 根据联合国统计委员会《2008 国际旅游统计建议》，旅行和旅游属于两个不同范畴的定义。旅行的统计范畴和核算范围远大于旅游。因中国至今没有将出境游客花费纳入常规调查和统计，世界旅游组织（UNWTO）多年来一直引用中国外汇管理局国际收支平衡表“旅行项”数据替代旅游服务支出数据。近年来，中国原国家旅游局数据中心结合中国旅游研究院出境旅游抽样调查数据，从国际收支平衡表旅行支出项中扣减国人海外留学、就医、务工、置业和金融投资等非旅游花费，得到 2014～2016 年中国旅游服务贸易支出分别约为 896.4 亿美元、1045 亿美元、1098 亿美元和 1152.9 亿美元；原国家旅游局联合国家统计局参照国际社会针对入境游客的抽样调查方法，制定出台《旅游统计调查制度》，并测算得到 2014～2017 年中国旅游服务贸易收入分别为 1053.8 亿美元、1136.5 亿美元、1200 亿美元和 1234 亿美元。

表 6-2 2008～2017 年中国国际收支平衡表简表（节选）

项目	2008 年	2009 年	2010 年	2011 年	2012 年	2013 年	2014 年	2015 年	2016 年	2017 年[①]
一. 经常账户差额	4 206	2 433	2 378	1 361	2 154	1 828	2 360	3 042	1 964	1 720
贷方	17 462	14 842	19 355	22 897	24 665	26 637	27 434	26 193	24 546	27 145
借方	13 256	12 409	16 977	21 536	22 511	24 809	25 074	23 151	22 583	25 425
A. 货物和服务差额	3 488	2 201	2 230	1 819	2 318	2 354	2 213	3 579	2 499	2 150
贷方	15 818	13 333	17 436	20 898	22 483	24 250	24 629	23 602	21 979	24 289
借方	12 330	11 131	15 206	19 079	20 165	21 896	22 416	20 023	19 480	22 139
a. 货物差额	3 606	2 495	2 542	2 435	3 216	3 599	4 350	5 762	4 941	4 761
贷方	14 347	12 038	15 814	19 038	20 569	22 190	22 438	21 428	19 895	22 164
借方	10 741	9 543	13 272	16 603	17 353	18 591	18 087	15 666	14 954	17 403
b. 服务差额	−118	−294	−312	−616	−897	−1 245	−2 137	−2 183	−2 442	−2 612
贷方	1 471	1 295	1 622	1 860	1 914	2 060	2 191	2 174	2 084	2 125
借方	1 589	1 589	1 933	2 477	2 812	3 305	4 329	4 357	4 526	4 736
1. 运输差额	−119	−230	−290	−449	−469	−567	−579	−467	−468	−561
贷方	384	236	342	356	389	376	382	386	338	372
借方	503	466	633	804	859	943	962	853	806	933
2. 旅行差额	47	−40	−91	−241	−519	−769	−1 833	−2 049	−2 167	−2 209
贷方	408	397	458	485	500	517	440	450	444	386
借方	362	437	549	726	1 020	1 286	2 273	2 498	2 611	2 595

① 2017 年数据为初步数据。

20 世纪 90 年代中后期以来，旅游业作为创汇导向产业的外部环境发生了变化。随着中国综合国力的增强和对国际资本吸引力的提升，中国外汇收入渠道已呈多元化。面对巨额的国际贸易顺差和外汇储备的急剧增长，中国政府逐步放开出境旅游和外汇管制政策，中国公民自费出境旅游开始迅速发展。特别是 2005 年人民币汇率形成机制改革以后，中国出境旅游呈现前所未有的快速发展势头。原国家旅游局数据中心测算，2017 年中国旅游服务贸易收入约为 1234 亿美元，比上年同期增长 2.9%；旅游服务贸易支出约 1152.9 亿美元，比上年同期增长5%。中国出境旅游的快速发展已成为缓解国际贸易摩擦的有效手段。

六、旅游促进产业要素全球配置

改革开放以来，中国出入境旅游完成从单向输入到双向互动的历史性变革。2017年，中国入境旅游人数达13 948万人次，入境旅游收入达1234亿美元；出境旅游人数达13 051万人次，出境旅游消费达1152.9亿美元，是全球第一大旅游客源国和出境旅游消费国。中国已成为美国、韩国、新加坡、泰国等热点旅游目的地重要的旅游客源国。

中国出境旅游市场规模的不断扩张和消费需求层次的不断细化，对出境旅游产业链的各个环节提出了更高要求，也为中国企业实现产业链的向外延伸发展带来难得的市场机遇。而近年来中国政府对企业海外投资和并购的鼓励政策、参与国际经济一体化的发展战略、人民币升值、企业用汇的管制逐渐转变为鼓励适当使用等，为企业以资金、技术、渠道、品牌等多种形式参与出入境旅游产业分工和产业价值链利益重新分配提供了良好条件。近年来，中国资本开始开展对中国出境旅游相关产业链的布局，涉及从计划行程开始到旅行社、旅游保险、航空公司、外汇兑换、酒店，涵盖旅游的各个环节。中国人寿、安邦保险、万达集团、海航集团、锦江国际等国内大型企业集团在海外进行了多宗大规模旅游类资产并购（表6-3）。其中，2016年中资跨境并购酒店和住宿业的交易规模超过百亿美元。以万达集团、绿地集团为代表的中资企业在海外投资兴建多家酒店。万达集团在伦敦、洛杉矶、芝加哥、悉尼、黄金海岸投资兴建的万达文华酒店预计将于2018年底陆续开业。绿地集团首家落户海外的自有品牌、自主运营高端商务酒店——悉尼绿地铂瑞酒店于2015年12月23日开业，绿地集团投资兴建的洛杉矶绿地英迪格酒店于2017年3月31日开业。首旅建国、港中旅、万达、海航、开元、君澜、锦江之星、中州等旗下的中国酒店品牌也开始向国外输出。中国旅游集团、上海春秋国旅等也追随中国出境游客的足迹在海外开设了多家分公司。

表 6-3 中国资本海外并购旅游类资产典型案例

收购方	被收购方	收购时间	标的金额
海航集团	西班牙 NH 酒店集团 20%股权	2013 年 4 月	2.34 亿欧元
万达集团	英国圣斯克（Sunseeker）游艇公司 91.81%股权	2013 年 6 月	3.2 亿英镑
安邦保险	美国纽约华尔道夫酒店（Waldorf-Astoria New York）	2014 年 10 月	19.5 亿美元
阳光保险	澳大利亚悉尼喜来登公园酒店（Sheraton on the Park, Sydney）	2014 年 11 月	4.63 亿澳元
复星集团、众信旅游	法国地中海俱乐部（Club Med）	2015 年 1 月	9.58 亿欧元
阳光保险	美国纽约曼哈顿巴卡拉酒店（Baccarat Hotel）	2015 年 2 月	2.3 亿美元
锦江国际集团	法国卢浮酒店集团（Louvre Hotels Group）	2015 年 3 月	13 亿欧元
港中旅集团	英国睿景酒店（Kew Green Hotels）	2015 年 8 月	4 亿英镑
海航集团	美国卡尔森酒店集团（Carlson Hospitality Group, Inc.）	2016 年 3 月	20 亿美元
安邦保险	黑石集团持有的战略酒店及度假村集团（Strategic Hotels & Resorts）	2016 年 3 月	65 亿美元
信泰资本	Hersha Hospitality Trust 名下位于美国纽约曼哈顿的酒店资产包（7 家酒店）70%股权	2016 年 5 月	5.7 亿美元
中国人寿	喜达屋集团（Starwood Capital Group）位于美国的精选服务酒店（包括 280 家全球主要酒店品牌附属精选服务酒店）	2016 年 10 月	20 亿美元
海航集团	黑石集团持有的希尔顿酒店集团（Hilton Worldwide Holdings Inc）25%股份	2016 年 10 月	65 亿美元
携程集团	英国天巡公司（Skyscanner Holdings Limited）	2016 年 11 月	14 亿英镑
安邦保险	黑石集团旗下荷兰希尔顿逸林酒店	2017 年 6 月	3.5 亿欧元
信泰资本	英国酒店巨头 QHotels	2017 年 9 月	5.25 亿英镑①

① 信泰资本与英国投资公司 Aprirose 各出资 50%，联合收购 QHotels。

注：依据各公司网站公布的信息或互联网资料整理得到，可能存在遗漏。

2017 年 5 月，中国开始遏制海外非理性投资。2018 年 3 月 1 日正式施行的《境外投资敏感行业目录》明确将房地产、酒店、影城、娱乐业、体育俱乐部、无具体实业项目的股权投资基金或投资平台列为境外投资敏感行业。但有真实产业需求的旅游海外投资并未受到影响。2017 年 12 月 18 日，腾邦集团与 TBRJ 基金及贝恩资本和目标公司管理团队组成的财团，以 5 亿美元全资收购全球最大的水上飞机公司马尔代夫 TMA 集团 100%股权。2017 年 5 月，携程及其他投资人投资印度在线旅游机构 MakeMyTrip 3.3 亿美元；2017 年 11 月，携程收购了美国旅游元搜索平台 Trip.com 和英国社交媒体 Twizoo。2018 年 1 月 31 日，携程子公司途风收购了印度 B2B 旅游平台 Travstarz Global Group。

随着中国旅游业的快速发展和中国政府放宽旅游市场准入，中国旅游市场对国际产业要素的吸引力不断增强。万豪、洲际、温德姆、希尔顿、雅高、凯悦、香格里拉等国际酒店集团加快在中国国内高端酒店市场的布局，迪士尼、环球影城、环球嘉年华等世界三大主题公园也纷纷落户中国。2017 年 9 月，万程（上海）旅行社有限公司获批为中国大陆第一家获得出境游经营资质的外商独资旅行社。中国已成为出入境旅游产业资本布局的重点区域。

第三节　促进中国出入境旅游健康发展的政策建议

2015 年“8·11”汇改以来，人民币有效汇率小幅贬值。但长期看，随着中国经济企稳，人民币国际化步伐加快，离岸市场人民币交易将持续增加，市场对人民币的需求将大幅提高，人民币汇率中长期升值趋势并未逆转。尤其是在全球经济尚未回暖、中国国民收入持续增长及世界各国放宽对中国游客签证政策的综合影响下，中国出境旅游仍将维持较长时期的增长。而随着中国旅游价格竞争力的逐步下降和全球旅游市场竞争的日益加剧，中国入境旅游全面复苏并保持持续增长仍面临较大困难。振兴中国入境旅游、规范中国出境旅游、促进中国出入境旅游健康有序发展已成为中国出入境旅游发展新阶段亟待解决的重大战略问题。基于本书研究结论，结合人民币中长期升值及中国出入境旅游发展新阶段的现实背景，本书提出从推动旅游供给侧结构性改革、优化旅游发展环境和实施综合性出入境旅游促进政策设计等方面，促进中国出入境旅游健康有序发展。

一、推动旅游供给侧结构性改革

旅游供给侧结构性改革有两个目标：一是增加社会总供给；二是调整社会供给结构。本书认为应该从培育壮大旅游市场主体、加强旅游产品和业态创新等方面着手推动供给侧结构性改革，促进旅游转型升级、提质增效，实现旅游供给结构与需求结构的有效匹配。

1. 培育壮大旅游市场主体

充分发挥市场在资源配置中的基础性作用，鼓励各类社会资本进入旅游业，拓宽旅游企业融资渠道，激发旅游企业发展活力，培育、壮大旅游市场主体，提高旅游市场运行效率，增加旅游市场有效供给。放宽旅游市场准入，打破行业、地区壁垒，简化审批手续，鼓励并支持国内外大型企业对旅游企业和旅游资源进行跨地区、跨行业、跨所有制兼并重组，支持国有旅游资源管理与经营引入多元化投资主体，支持组建大型旅游企业集团，打造旅游龙头企业和旅游重大项目投融资平台。鼓励社会各方通过项目特许权、运营权、景区门票质押担保和收费权融资等方式参与旅游项目开发。鼓励国有旅游企业和民营旅游企业相互持股，大力发展混合所有制旅游经济。

2. 加强旅游产品和业态创新

大力推进旅游产品和业态创新，优化旅游供给结构，增加社会有效供给，满足多样化、个性化、多层次的旅游消费需求。

优化旅游产品结构，丰富旅游产品体系。推动精品景区建设，大力开发休闲度假产品，大力发展乡村旅游、海洋及滨水旅游、冰雪旅游、低空旅游，推动旅游产品向观光、休闲、度假并重转变。

推进“旅游+”与“互联网+”战略，促进旅游与城镇化和工业化等融合发展，尤其是促进旅游与文化创意、体育、金融、信息、会展、健康和养老等产业深度融合，着力培育会展、邮轮游艇、自驾车房车、温泉滑雪、低空飞行、养老养生、中医药健康、研学旅行及文化旅游等新兴业态，拓展旅游发展新领域。

二、优化旅游发展环境

全面落实《国务院关于促进旅游业改革发展的若干意见》、中国旅游“515战略”及《“十三五”旅游业发展规划》，不断优化旅游发展环境。

1. 完善旅游基础设施建设

做好旅游交通发展顶层设计，改善旅游通达条件。高速公路、高速铁路和机场建设要统筹考虑旅游发展需要，推进主要交通节点城市、重要交通干线连接景区的道路建设，加强旅游集散中心与景区间交通设施建设和交通组织，实现机场、车站、码头到主要景区交通无缝对接，有效解决“最后一公里”难题。推进交通旅游服务大数据应用，建立旅游与公路、铁路和民航等部门数据共享平台和机制，不断完善旅游交通服务。

深化“厕所革命”。加强政策引导，坚持因地制宜，抓好乡村旅游厕所整体改造，推进厕所革命技术创新，针对性解决缺水、高寒及游客高强度使用等技术难点，鼓励社会资本和企业积极投入厕所建设与管理。积极探索使用“互联网+”技术完善厕所管理和服务，实现厕所管理与服务的高效化。

全面提升旅游信息化水平。深化智慧旅游管理系统建设，实现旅游市场的实时监测、预警和突发事件的应急指挥调度，为游客提供住宿和景区等流量信息，及时发布自然灾害、旅游安全、重大事件和旅游气象等有关信息。健全智慧旅游服务平台体系，以互动视频、图片、文字及地图等多媒介元素全方位呈现中国旅游核心要素。

2. 规范旅游市场秩序

建立健全旅游从业者、经营者和消费者信用体系，积极营造诚实守信的经营环境和消费环境，引导旅游经营者诚信经营、游客文明消费。发挥各级政府的主导作用和旅游部门的主管作用，不断创新旅游监管机制，着力解决执法难、执法软问题，严厉打击“黑导游”和诱导、欺骗及强迫游客消费等行为，依法严肃查处串通涨价、哄抬价格和价格欺诈与其他扰乱旅游市场秩序的违法违规行为，切实维护旅游者合法权益。

三、实施综合性出入境旅游促进政策

统筹优化入境旅游政策，推进入境旅游相关的免签、落地签、免税购物、购物退税、航权开放、边检便利化服务，为入境旅游发展提供强有力的政策保障。打造国家旅游新形象，加强旅游、外宣合作，健全中央与地方、政府与企业及部门之间联动的旅游宣传推广体系，通过旅游外交深度融入“一带一路”倡议，进一步拓展海外旅游市场。实施入境旅游品牌战略，推出一批入境旅游品牌和线路。

推动出境旅游目的地国家（地区）简化签证手续、缩短签证申办时间，扩大短期免签证、口岸签证范围。将中文媒体落地、改善中文接待环境、中文报警服务、中国公民安全保障措施和游客合法权益保障等纳入中国公民出境旅游目的地管理体系。完善出境旅游服务保障体系，加强境外旅游保险、旅游救援合作。推动建立与有关国家（地区）旅游安全预警和突发事件应急处理合作机制。加强与友好国家（地区）客源互送合作。

四、提升中国出入境旅游影响力

鼓励有条件的旅游企业统筹利用国际国内两个市场，建立面向中国游客的海外旅游接待体系。推进自由贸易协定旅游服务贸易谈判，推动旅游业双向开放。对“一带一路”沿线国家和地区、部分发展中国家和地区提供旅游投资、品牌、技术、管理和标准等援助。积极、广泛参与出入境旅游规则与标准的制定，不断推动中国在联合国世界旅游组织（UNWTO）、世界旅游业理事会（World Travel and Tourism Council，WTTC）及亚太旅游协会（Pacific Asia Travel Association，PATA）等国际旅游机构中发挥更为重要的作用与话语权，不断提升中国出入境旅游影响力。

参 考 文 献

毕斗斗，李雅婧，王振亚. 2015. 中国旅游服务贸易的收支汇率弹性和收入弹性研究［J］. 华南理工大学学报（社会科学版），17（6）：1-4.

陈六傅，钱学锋，刘厚俊. 2007. 人民币实际汇率波动风险对我国各类企业出口的影响［J］. 数量经济技术经济研究，24（7）：81-88.

陈平，熊欣. 2002. 进口国汇率波动影响中国出口的实证分析［J］. 国际金融研究，（6）：5-9.

陈云，何秀红. 2008. 人民币汇率波动对我国 HS 分类商品出口的影响［J］. 数量经济技术经济研究，25（3）：43-54.

成英文，范容廷，张辉. 2014. 人民币汇率变动对中国出入境旅游市场的影响研究——基于主要客源国和目的地国家面板数据的分析［J］. 经济问题探索，（6）：93-101.

戴斌. 2017. 继续扩大国际旅游顺差正当时［N］. 中国旅游报，2017-08-01（001）.

杜江，戴斌. 2005. 中国出境旅游发展年度报告 2004［M］. 北京：旅游教育出版社.

谷宇，高铁梅. 2007. 人民币汇率波动性对中国进出口影响的分析［J］. 世界经济，（10）：49-57.

李广众，Voon L P. 2004. 实际汇率错位、汇率波动性及其对制造业出口贸易影响的实证分析：1978～1998 年平行数据研究［J］. 管理世界，（11）：22-28.

李宏彬，马弘，熊艳艳，等. 2011. 人民币汇率对企业进出口贸易的影响——来自中国企业的实证研究［J］. 金融研究，（2）：1-16.

李文军，张巍巍. 2010. 人民币汇率变动的贸易效应——基于分国别（地区）面板数据的分析［J］. 数量经济技术经济研究，（4）：34-47.

李扬，余维彬. 2005. 人民币汇率制度改革：回归有管理的浮动［J］. 经济研究，（8）：24-31.

李芸，史春云，朱传耿，等. 2009. 人民币汇率变化对中国入境旅游的影响［J］. 淮海工学院学报（社会科学版），7（2）：70-73.

陆林. 1989. 论黄山国内旅游客源市场区域结构［J］. 人文地理，（2）：70-72，46.

罗富民. 2007. 汇率变动对我国入境旅游需求的影响研究——来自日本对华旅游的实证［J］. 工业技术经济，26（8）：86-88.

潘红宇. 2007. 汇率波动率与中国对主要贸易伙伴的出口［J］. 数量经济技术经济研究，24（2）：73-81.

宋瑞. 2015. 旅游服务贸易、经济增长与汇率——基于美国数据的 VAR 模型分析［J］. 经济管理，（10）：117-124.

王良举，李万莲. 2012. 人民币升值对中国入境旅游的影响评估——基于扩展旅游引力模型的实证分析［J］. 旅游科学，26（5）：38-44.

王雪，胡未名，杨海生. 2016. 汇率波动与我国双边出口贸易：存在第三国汇率效应吗?［J］. 金融研究，（7）：1-16.

许家云，佟家栋，毛其淋. 2015. 人民币汇率变动、产品排序与多产品企业的出口行为——以中国制造业企业为例［J］. 管理世界，（2）：17-31.

叶永刚，胡利琴，黄斌. 2006. 人民币实际有效汇率和对外贸易收支的关系——中美和中日双边贸易收支的实证研究［J］. 金融研究，（4）：1-11.

张广瑞. 2002. 中国旅游发展的形势分析与近期预测［M］. 北京：社会科学文献出版社.

张凌云，房蕊. 2011. 日本出国旅游需求与人均 GDP 关系实证研究——兼议对我国出境旅游发展的启示［J］. 旅游科学，25（3）：24-34.

赵东喜. 2011. 人民币汇率与中国入境旅游需求关系研究［J］. 北京第二外国语学院学报，（9）：48-53.

Ahn M J，McKercher B. 2015. The effect of cultural distance on tourism：A study of international visitors to Hong Kong［J］. Asia Pacific Journal of Tourism Research，20（1）：94-113.

Akay G H，Cifter A，Teke O. 2015. Turkish tourism，exchange rates and income［J］. Tourism Econmics，23（1）：66-77.

Anderson J E，van Wincoop E. 2003. Gravity with gravitas：A solution to the border puzzle［J］. American Economic Review，93（1）：170-192.

Anderson J E. 1979. A theoretical foundation for the gravity equation［J］. American Economic Review，69（1）：106-116.

Aristotelous K. 2001. Exchange-rate volatility，exchange-rate regime，and trade volume：Evidence from the UK－US export function（1889－1999）［J］. Economics Letters，72（1）：87-94.

Arize A C，Osang T，Slottje D J. 2000. Exchange-Rate volatility and foreign trade：Evidence from thirteen LDC's［J］. Journal of Business and Economic Statistics，18（1）：10-17.

Asseery A，Peel D A. 1991. The effects of exchange rate volatility on exports[J]. Economics Letters，37（2）：173-177.

Baier S L，Bergstrand J H. 2007. Do free trade agreements actually increase members' international trade?［J］. Journal of International Economics，71（1）：72-95.

Baron D P. 1976a. Flexible exchange rates，forward markets，and the level of trade[J]. The American Economic Review，66（3）：253-266.

Baron D P. 1976b. Fluctuating exchange rates and the pricing of exports［J］. Economic Inquiry，14（3）：425-438.

Baum C F，Caglayan M. 2010. On the sensitivity of the volume and volatility of bilateral trade flows to exchange rate uncertainty［J］. Journal of International Money and Finance，29（1）：79-93.

Bergstrand J H，Egger P，Larch M. 2013. Gravity redux：Estimation of gravity-equation coefficients，elasticities of substitution，and general equilibrium comparative statics under asymmetric bilateral trade costs［J］. Journal of International Economics，89（1）：110-121.

Bergstrand J H，Egger P. 2007. A knowledge-and-physical-capital model of international trade flows，foreign direct investment，and multinational enterprises［J］. Journal of International Economics，73（2）：278-308.

Bergstrand J H. 1985. The gravity equation in international trade：Some microeconomic foundations and empirical evidence［J］. The Review of Economics and Statistics，67（3）：474-481.

Bergstrand J H. 1989. The generalized gravity equation，monopolistic competition，and the Factor-Proportions theory in international trade［J］. The Review of Economics and Statistics，71（1）：143-153.

Bredin D，Fountas S，Murphy E. 2003. An empirical analysis of short-run and long-run Irish export functions：Does exchange rate volatility matter?［J］. International Review of Applied Economics，17（2）：193-208.

Broll U，Eckwert B. 1999. Exchange rate volatility and international trade［J］. Southern Economic

Journal，66（1）：178-185.

Byrne J P，Darby J，MacDonald R. 2008. US trade and exchange rate volatility：A real sectoral bilateral analysis［J］. Journal of Macroeconomics，30（1）：238-259.

Camarero M，Gómez E，Tamarit C. 2014. Is the“euro effect”on trade so small after all? New evidence using gravity equations with panel cointegration techniques［J］. Economics Letters，124（1）：140-142.

Chadeeand D，Mieczkowski Z. 1987. An empirical analysis of the effects of the exchange rate on canadian tourism［J］. Journal of Travel Research，26（1）：13-17.

Cheng K M，Kim H，Thompson H. 2013a. The real exchange rate and the balance of trade in US tourism［J］. International Review of Economics and Finance，25（1）：122-128.

Cheng K M，Kim H，Thompson H. 2013b. The exchange rate and US tourism trade，1973—2007［J］. Tourism Economics, 19(4): 883-896.

Chi J. 2015. Dynamic impacts of income and the exchange rate on US tourism，1960—2011［J］. Tourism Economics, 21(5): 1047-1060.

Chipili J M. 2013. Exchange rate volatility and trade flows in Zambia［J］. African Development Review，25（1）：55-66.

Chou W L. 2000. Exchange rate variability and china's exports［J］. Journal of Comparative Economics，28（1）：61-79.

Choudhri E U，Hakura D S. 2015. The exchange rate pass-through to import and export prices：The role of nominal rigidities and currency choice［J］. Journal of International Money and Finance，51：1-25.

Chowdhury A R. 1993. Does exchange rate volatility depress trade flows? Evidence from error-correction models［J］. The Review of Economics and Statistics，75（4）：700-706.

Clark P B. 1973. Uncertainty，exchange rate risk，and the level of international trade［J］. Economic Inquiry，11（3）：302-313.

Cook J A. 2014. The effect of firm-level productivity on exchange rate pass-through［J］. Economics Letters，122（1）：27-30.

Corsetti G, Dedola L, Leduc S. 2008. High exchange-rate volatility and low pass-through[J]. Journal of Monetary Economics，55（6）：1113-1128.

Crampon L J. 1966. A new technique to analyze tourist markets［J］. Journal of Marketing，30（2）：27-31.

Crouch G I. 1992. Effect of income and price on international tourism［J］. Annals of Tourism Research，19（4）：643-664.

Crouch G I. 1994. The study of international tourism demand：A survey of practice［J］. Journal of Travel Research，32（4）：41-55.

Deardorff A V. 1995. Determinants of bilateral trade：Does gravity work in a classical world?［Z］. NBER Working Papers，No：5377.

Dritsakis N. 2004a. Cointegration analysis of German and British tourism demand for Greece［J］. Tourism Management，25（1）：111-119.

Dritsakis N. 2004b. Tourism as a long-run economic growth factor：An empirical investigation for Greece using causality analysis［J］. Tourism Economics，10（3）：305-316.

Du D，Lew A A，Ng P T. 2016. Tourism and economic growth［J］. Journal of Travel Research，55（4）：454-464.

Durbarry R. 2008. Tourism taxes：Implications for tourism demand in the UK［J］. Review of Development Economics，12（1）：21-36.

Durden G C，Silberman J. 1975. The determinants of Florida tourist flows：A gravity model approach［J］. Review of Regional Studies，5（3）：31-41.

Dwyer L，Forsyth P，Rao P. 2000. The price competitiveness of travel and tourism：A comparison of 19 destinations［J］. Tourism Management，21（1）：9-22.

de Grauwe P. 1988. Exchange rate variability and the slowdown in growth of international trade［J］. IMF Staff Papers，35（1）：63-84.

de Vita G. 2014. The long-run impact of exchange rate regimes on international tourism flows［J］. Tourism Management，45（6）：226-233.

Engle R F，Granger C W J. 1987. Co-integration and error correction：Representation，estimation，and testing［J］. Econometrica，55（2）：251-276.

Eilat Y，Einav L. 2004. Determinants of international tourism：A three-dimensional panel data analysis [J] . Applied Economics，36（12）：1315-1327.

Eryiğit M，Kotil E，Eryiğit R. 2010. Factors affecting international tourism flows to Turkey：A gravity model approach [J] . Tourism Economics，16（3）：585-595.

Eugenio-Martin J L，Martín-Morales N，Sinclair M T. 2008. The role of economic development in tourism demand [J] . Tourism Economics，14（4）：673-690.

Fourie J，Rosselló J，Santanagallego M. 2016. Research note：Which god is good for tourism? [J] . Tourism Economics，22（1）：163-169.

Fourie J，Santana-Gallego M. 2011. The impact of mega-sport events on tourist arrivals [J] . Tourism Management，32（6）：1364-1370.

Fourie J，Santana-Gallego M. 2013. Ethnic reunion and cultural affinity [J] . Tourism Management，36（3）：411-420.

Franke G. 1991. Exchange rate volatility and international trading strategy [J] . Journal of International Money and Finance，10（2）：292-307.

Frankel J，Stein E，Wei S J. 1995. Trading blocs and the Americas：The natural，the unnatural，and the super-natural [J] . Journal of Development Economics，47（1）：61-95.

Ghosh S，Yamarik S. 2004. Are regional trading arrangements trade creating? [J] . Journal of International Economics，63（2）：369-395.

Gil-Pareja S，Llorca-Vivero R，Martínez-Serrano J A. 2007a. The Effect of EMU on Tourism [J] . Review of International Economics，15（2）：302-312.

Gil-Pareja S，Llorca-Vivero R，Martínez-Serrano J A. 2007b. The impact of embassies and consulates on tourism [J] . Tourism Management，28（2）：355-360.

Goldberg P K，Knetter M M. 1997. Goods prices and exchange rates：What have we learned? [J] . Journal of Economic Literature，35（3）：1243-1272.

Granger C W J. 1969. Investigating causal relations by econometric models and cross-spectral methods [J] . Econometrica，37（3）：424-438.

Gray H P. 1966. The demand for international travel by the United States and Canada [J] . International Economic Review，7（1）：83-92.

Hall S，Hondroyiannis G，Swamy P A V B，et al. 2010. Exchange-rate volatility and export performance：Do emerging market economies resemble industrial countries or other developing countries? [J]. Economic Modelling，27（6）：1514-1521.

Hausman J A，Taylor W E. 1981. Panel data and unobservable individual effects [J]. Econometrica，49（6）：1377-1398.

Head K，Ries J. 2008. FDI as an outcome of the market for corporate control：Theory and evidence [J]. Journal of International Economics，74（1）：2-20.

Helliwell J F. 2010. National borders，trade and migration [J]. Pacific Economic Review，2（3）：165-185.

Hutchinson W K. 2005. "linguistic distance" as a determinant of bilateral trade [J]. Southern Economic Journal，72（1）：1-15.

Karemera D，Oguledo V I，Davis B. 2000. A gravity model analysis of international migration to North America [J]. Applied Economics，32（13）：1745-1755.

Keum K. 2010. Tourism flows and trade theory：A panel data analysis with the gravity model [J]. Annals of Regional Science，44（3）：541-557.

Khadaroo J，Seetanah B. 2008. The role of transport infrastructure in international tourism development：A gravity model approach [J]. Tourism Management，29（5）：831-840.

Leamer E E. 1974. The commodity composition of international trade in manufactures：An empirical analysis [J]. Oxford Economic Papers，26（3）：350-374.

Lee C，Chang C P. 2008. Tourism development and economic growth：A closer look at panels [J]. Tourism Management，29（1）：180-192.

Lee C，Var T，Blaine T W. 1996. Determinants of inbound tourist expenditures [J]. Annals of Tourism Research，23（3）：527-542.

Lim C. 1997. Review of international tourism demand models [J]. Annals of Tourism，24（4）：835-849.

Lim C. 1999. A meta-analytic review of international tourism demand [J]. Journal of Travel Research，37（3）：273-284.

Linnemann H. 1966. An econometric study of international trade flows [M]. Amsterdam：North-Holland Publishing Company.

Lohmann J. 2011. Do language barriers affect trade? [J]. Economics Letters, 110 (2): 159-162.

Malamud B. 1973. Gravity model calibration of tourist travel to Las Vegas [J]. Journal of Leisure Research, 5 (1): 23-33.

Marrocu E, Paci R. 2013. Different tourists to different destinations: Evidence from spatial interaction models [J]. Tourism Management, 39 (6): 71-83.

Martin C A, Witt S F. 1987. Tourism demand forecasting models: Choice of appropriate variable to represent tourists' cost of living [J]. Tourism Management, 8 (3): 233-246.

Martin C A, Witt S F. 1988. Substitute prices in models of tourism demand [J]. Annals of Tourism Research, 15 (2): 255-268.

Martins L F, Gan Y, Ferreira-Lopes A. 2017. An empirical analysis of the influence of macroeconomic determinants on world tourism demand [J]. Tourism Management, 61: 248-260.

Massidda C, Etzo I. 2012. The determinants of Italian domestic tourism: A panel data analysis [J]. Tourism Management, 33 (3): 603-610.

Mayer T, Zignago S. 2011. Notes on CEPII's distances measures: The GeoDist database [Z]. CEPII Working Paper No. 2011-25.

McCallum J. 1995. National borders matter: Canada-U. S. Regional trade patterns [J]. The American Economic Review, 85 (3): 615-623.

Melitz J, Toubal F. 2014. Native language, spoken language, translation and trade [J]. Journal of International Economics, 93 (2): 351-363.

Morley C L. 1992. A microeconomic theory of international tourism demand [J]. Annals of Tourism Research, 19 (2): 250-267.

Morley C, Rosselló J, Santana-Gallego M. 2014. Gravity models for tourism demand: Theory and use [J]. Annals of Tourism Research, 48: 1-10.

Ouerfelli C. 2008. Co-integration analysis of quarterly European tourism demand in Tunisia [J]. Tourism Management, 29 (1): 127-137.

Perée E, Steinherr A. 1989. Exchange rate uncertainty and foreign trade [J]. European Economic Review, 33 (6): 1241-1264.

Pöyhönen P. 1963. A tentative model for the volume of trade between countries [J].

Weltwirtschaftliches Archiv，90：93-100.

Prideaux B. 2005. Factors affecting bilateral tourism flows[J]. Annals of Tourism Research，32(3)：780-801.

Rose A K. 2000. One money，one market：The effect of common currencies on trade [J] . Economic Policy，15（30）：9-45.

Saayman A，Figini P，Cassella S. 2016. The influence of formal trade agreements and informal economic cooperation on international tourism flows[J]. Tourism Economics，22(6)：1274-1300.

Santana-Gallego M，Ledesma-Rodríguez F J，Pérez-Rodríguez J V，et al. 2010. Exchange rate regimes and tourism [J] . Tourism Economics，16（1）：25-43.

Sauer C，Bohara A K. 2001. Exchange rate volatility and exports：Regional differences between developing and industrialized countries [J] . Review of International Economics，9（1）：133-152.

Schiff A，Becken S. 2011. Demand elasticity estimates for New Zealand tourism [J] . Tourism Management，32（3）：564-575.

Schubert S F，Brida J G，Risso W A. 2011. The impacts of international tourism demand on economic growth of small economies dependent on tourism [J] . Tourism Management，32（2）：377-385.

Seetaram N. 2010. Use of dynamic panel cointegration approach to model international arrivals to Australia [J] . Journal of Travel Research，49（4）：414-422.

Song H Y，Li G，Witt S F，et al. 2010. Tourism demand modelling and forecasting：How should demand be measured? [J] . Tourism Economics，16（1）：63-81.

Song H Y，Li G. 2008. Tourism demand modelling and forecasting—a review of recent research [J] . Tourism Management，29（2）：203-220.

Song H Y，Lin S S，Sheldon P，et al. 2009. Impacts of the financial and economic crisis on tourism in Asia [J] . Journal of Travel Research，49（1）：16-30.

Song H Y，Wong K K F，Chon K K S. 2003. Modelling and forecasting the demand for Hong Kong tourism [J] . International Journal of Hospitality Management，22（4）：435-451.

Tavares J M，Leitão N C. 2017. The determinants of international tourism demand for Brazil [J] . Tourism Economics，23（4）：834-845.

Taylor J B. 2000. Low inflation，pass-through，and the pricing power of firms [J] . European

Economic Review，44（7）：1389-1408.

Tenreyro S. 2007. On the trade impact of nominal exchange rate volatility［J］. Journal of Development Economics，82（2）：485-508.

Tinbergen J. 1962. Shaping the world economy：Suggestions for an international economic policy［M］. New York：Twentieth Century Fund.

Vogt M G. 2008. Determinants of the demand for US exports and imports of tourism［J］. Applied Economics，40（6）：667-672.

Uysal M，Crompton J L. 1984. Determinants of demand for international tourist flows to Turkey［J］. Tourism Management，5（4）：288-297.

Webber A G. 2001. Exchange rate volatility and cointegration in tourism demand［J］. Journal of Travel Research，39（4）：398-405.

Witt S F，Witt C A. 1995. Forecasting tourism demand：A review of empirical research［J］. International Journal of Forecasting，11（3）：447-475.

附　　录

附表 1　中国已正式开展组团业务的出境旅游目的地国家（地区）

序号	国家（地区）	启动时间	开展业务情况
1	中国香港	1983 年	全面开展
2	中国澳门	1983 年	全面开展
3	泰国	1988 年	全面开展
4	新加坡	1990 年	全面开展
5	马来西亚	1990 年	全面开展
6	菲律宾	1992 年	全面开展
7	澳大利亚	1999 年	北京市、上海市、广州市正式开展
		2004 年 7 月	天津市、河北省、山东省、江苏省、浙江省、重庆市正式开展
		2006 年 8 月	全面开展
8	新西兰	1999 年	北京市、上海市、广州市正式开展
		2004 年 7 月	天津市、河北省、山东省、江苏省、浙江省、重庆市正式开展
		2006 年 8 月	全面开展
9	韩国	1998 年	全面开展
10	日本	2000 年	北京市、上海市、广州市试办
		2004 年 9 月 15 日	辽宁省、天津市、山东省、江苏省、浙江省正式开展
		2005 年 7 月 25 日	全面开展
11	越南	2000 年	全面开展

续表

序号	国家（地区）	启动时间	开展业务情况
12	柬埔寨	2000 年	全面开展
13	缅甸	2000 年	全面开展
14	文莱	2000 年	全面开展
15	尼泊尔	2002 年	全面开展
16	印度尼西亚	2002 年	全面开展
17	马耳他	2002 年	全面开展
18	土耳其	2002 年	全面开展
19	埃及	2002 年	全面开展
20	德国	2003 年	全面开展
21	印度	2003 年	全面开展
22	马尔代夫	2003 年	全面开展
23	斯里兰卡	2003 年	全面开展
24	南非	2003 年	全面开展
25	克罗地亚	2003 年	全面开展
26	匈牙利	2003 年	全面开展
27	巴基斯坦	2003 年	全面开展
28	古巴	2003 年	全面开展
29	希腊	2004 年 9 月	全面开展
30	法国	2004 年 9 月	全面开展
31	荷兰	2004 年 9 月	全面开展
32	比利时	2004 年 9 月	全面开展
33	卢森堡	2004 年 9 月	全面开展
34	葡萄牙	2004 年 9 月	全面开展
35	西班牙	2004 年 9 月	全面开展
36	意大利	2004 年 9 月	全面开展

续表

序号	国家（地区）	启动时间	开展业务情况
37	奥地利	2004 年 9 月	全面开展
38	芬兰	2004 年 9 月	全面开展
39	瑞典	2004 年 9 月	全面开展
40	捷克	2004 年 9 月	全面开展
41	爱沙尼亚	2004 年 9 月	全面开展
42	拉脱维亚	2004 年 9 月	全面开展
43	立陶宛	2004 年 9 月	全面开展
44	波兰	2004 年 9 月	全面开展
45	斯洛文尼亚	2004 年 9 月	全面开展
46	斯洛伐克	2004 年 9 月	全面开展
47	塞浦路斯	2004 年 9 月	全面开展
48	丹麦	2004 年 9 月	全面开展
49	冰岛	2004 年 9 月	全面开展
50	爱尔兰	2004 年 9 月	全面开展
51	挪威	2004 年 9 月	全面开展
52	罗马尼亚	2004 年 9 月	全面开展
53	瑞士	2004 年 9 月	全面开展
54	列支敦士登	2004 年 9 月	全面开展
55	埃塞俄比亚	2004 年 12 月 15 日	全面开展
56	津巴布韦	2004 年 12 月 15 日	全面开展
57	坦桑尼亚	2004 年 12 月 15 日	全面开展
58	毛里求斯	2004 年 12 月 15 日	全面开展
59	突尼斯	2004 年 12 月 15 日	全面开展
60	塞舌尔	2004 年 12 月 15 日	全面开展
61	肯尼亚	2004 年 12 月 15 日	全面开展

续表

序号	国家（地区）	启动时间	开展业务情况
62	赞比亚	2004 年 12 月 15 日	全面开展
63	约旦	2004 年 12 月 15 日	全面开展
64	北马里亚纳群岛自治邦	2005 年 4 月 1 日	全面开展
65	斐济	2005 年 5 月 1 日	全面开展
66	瓦努阿图	2005 年 5 月 1 日	全面开展
67	英国	2005 年 7 月 15 日	全面开展
68	智利	2005 年 7 月 15 日	全面开展
69	牙买加	2005 年 7 月 15 日	全面开展
70	俄罗斯	2005 年 8 月 25 日	全面开展
71	巴西	2005 年 9 月 15 日	全面开展
72	墨西哥	2005 年 9 月 15 日	全面开展
73	秘鲁	2005 年 9 月 15 日	全面开展
74	安提瓜和巴布达	2005 年 9 月 15 日	全面开展
75	巴巴多斯	2005 年 9 月 15 日	全面开展
76	老挝	2005 年 9 月 15 日	全面开展
77	蒙古	2006 年 3 月 1 日	全面开展
78	汤加	2006 年 3 月 1 日	全面开展
79	格林纳达	2006 年 3 月 1 日	全面开展
80	巴哈马	2006 年 3 月 1 日	全面开展
81	阿根廷	2007 年 1 月 1 日	全面开展
82	委内瑞拉	2007 年 1 月 1 日	全面开展
83	乌干达	2007 年 1 月 1 日	全面开展
84	孟加拉	2007 年 1 月 1 日	全面开展
85	安道尔	2007 年 1 月 1 日	全面开展
86	保加利亚	2007 年 10 月 15 日	全面开展

续表

序号	国家（地区）	启动时间	开展业务情况
87	摩洛哥	2007年10月15日	全面开展
88	摩纳哥	2007年10月15日	全面开展
89	叙利亚	2007年10月15日	全面开展
90	阿曼	2007年10月15日	全面开展
91	纳米比亚	2007年10月15日	全面开展
92	美国	2008年6月17日	北京市、天津市、上海市、江苏省、浙江省、湖南省、湖北省、河北省、广东省正式开展
		2009年10月1日	山西省、辽宁省、吉林省、黑龙江省、安徽省、山东省、广西壮族自治区、海南省、重庆市、四川省、云南省、陕西省正式开展
		2011年1月30日	内蒙古自治区、宁夏回族自治区、福建省正式开展
		2012年1月30日	河南省、江西省、贵州省正式开展
		2014年1月30日	青海省、甘肃省正式开展
93	中国台湾	2008年7月18日	全面开展
94	法属波利尼西亚	2008年9月15日	全面开展
95	以色列	2008年9月15日	全面开展
96	佛得角	2009年9月15日	全面开展
97	圭亚那	2009年9月15日	全面开展
98	黑山	2009年9月15日	全面开展
99	加纳	2009年9月15日	全面开展
100	厄瓜多尔	2009年9月15日	全面开展
101	多米尼克	2009年9月15日	全面开展
102	阿拉伯联合酋长国	2009年9月15日	全面开展
103	巴布亚新几内亚	2009年9月15日	全面开展
104	马里	2009年9月15日	全面开展

续表

序号	国家（地区）	启动时间	开展业务情况
105	朝鲜	2010 年 4 月 12 日	全面开展
106	密克罗尼西亚	2010 年 4 月 12 日	全面开展
107	乌兹别克斯坦	2010 年 5 月 1 日	全面开展
108	黎巴嫩	2010 年 5 月 1 日	全面开展
109	加拿大	2010 年 8 月 15 日	全面开展
110	塞尔维亚	2010 年 8 月 15 日	全面开展
111	伊朗	2011 年 8 月 15 日	全面开展
112	马达加斯加	2012 年 2 月 1 日	全面开展
113	哥伦比亚	2012 年 2 月 1 日	全面开展
114	萨摩亚	2012 年 4 月 15 日	全面开展
115	喀麦隆	2012 年 12 月 1 日	全面开展
116	卢旺达	2013 年 7 月 1 日	全面开展
117	乌克兰	2014 年 9 月 1 日	全面开展
118	哥斯达黎加	2015 年 8 月 1 日	全面开展
119	格鲁吉亚	2015 年 8 月 1 日	全面开展
120	马其顿	2016 年 2 月 1 日	全面开展
121	亚美尼亚	2016 年 4 月 1 日	全面开展
122	塞内加尔	2016 年 6 月 1 日	全面开展
123	哈萨克斯坦	2016 年 7 月 15 日	全面开展
124	苏丹	2017 年 2 月 1 日	全面开展
125	乌拉圭	2017 年 7 月 1 日	全面开展
126	圣多美和普林西比	2017 年 9 月 1 日	全面开展
127	阿尔巴尼亚	2018 年 3 月 15 日	全面开展
128	卡塔尔	2018 年 5 月 1 日	全面开展

附表 2　主要客源国来华旅游人数　　单位：万人次

年份	印度	印度尼西亚	日本	马来西亚	蒙古	菲律宾	新加坡	韩国	泰国	英国	德国
1995	4.5	13.28	130.52	25.18	26.19	21.97	26.15	52.95	17.33	18.49	16.65
1996	5.51	13.78	154.88	29.85	28.19	24.37	28.63	69.39	19.33	20.52	17.9
1997	6.05	14.73	158.17	36.13	34.29	27.67	31.68	78.11	16.85	22.79	18.47
1998	6.57	10.46	157.21	30.01	26.48	25.65	31.64	63.28	14.43	24.29	19.19
1999	8.42	18.29	185.52	37.29	35.45	29.83	35.25	99.2	20.64	25.89	21.76
2000	12.09	22.06	220.15	44.1	39.91	36.39	39.94	134.47	24.11	28.39	23.91
2001	15.94	22.42	238.57	46.86	38.71	40.8	41.5	167.88	29.84	30.25	25.34
2002	21.36	27.47	292.56	59.24	45.31	50.86	49.71	212.43	38.63	34.3	28.18
2003	21.91	23.18	225.48	43.01	41.83	45.77	37.81	194.55	27.54	28.83	22.2
2004	30.94	34.98	333.43	74.19	55.38	54.94	63.68	284.49	46.42	41.81	36.53
2005	35.65	37.76	339	89.96	64.2	65.4	75.59	354.53	58.63	49.96	45.49
2006	40.51	43.3	374.59	91.06	63.12	70.42	82.79	392.4	59.2	55.26	50.06
2007	46.25	47.71	397.75	106.2	68.2	83.3	92.2	477.71	61.16	60.51	55.67
2008	43.66	42.63	344.61	104.05	70.53	79.53	87.58	396.04	55.43	55.15	52.89
2009	44.89	46.9	331.75	105.9	57.67	74.89	88.95	319.75	54.18	52.88	51.85
2010	54.93	57.34	373.12	124.52	79.44	82.83	100.37	407.64	63.55	57.5	60.86
2011	60.65	60.87	365.82	124.51	99.42	89.43	106.3	418.54	60.8	59.57	63.7
2012	61.02	62.2	351.82	123.55	101.05	96.2	102.77	406.99	64.76	61.84	65.96
2013	67.67	60.53	287.75	120.65	105	99.67	96.66	396.9	65.17	62.5	64.93
2014	70.99	56.69	271.76	112.96	108.27	96.79	97.14	418.17	61.31	60.47	66.26
2015	73.05	54.48	249.77	107.55	101.41	100.4	90.53	444.44	64.15	57.96	62.34

年份	法国	意大利	荷兰	葡萄牙	瑞典	瑞士	俄罗斯	加拿大	美国	澳大利亚	新西兰
1995	11.85	6.37	3.49	2.56	3.52	3.43	48.93	12.88	51.49	12.94	2.29
1996	12.33	6.21	4.13	2.46	3.42	3.34	55.59	15.66	57.64	13.27	3.02
1997	13.13	6.51	5.23	3.58	3.85	3.03	81.37	17.41	61.64	15.68	2.83

续表

年份	法国	意大利	荷兰	葡萄牙	瑞典	瑞士	俄罗斯	加拿大	美国	澳大利亚	新西兰
1998	13.8	7.25	5.89	3.85	4.06	2.84	69.2	19.6	67.73	18.64	3
1999	15.56	7.22	7.01	4.02	4.68	2.99	83.3	21.37	73.64	20.35	3.14
2000	18.5	7.78	7.6	2.28	5.36	3.07	108.02	23.66	89.62	23.41	3.76
2001	19.95	7.77	9.3	2.68	5.28	3.08	119.62	25.39	94.92	25.51	4.44
2002	22.21	9.17	10.04	3.61	6.28	3.24	127.16	29.13	112.12	29.13	5.02
2003	15.61	6.58	6.79	3.01	5	2.37	138.07	23.03	82.25	24.54	4.34
2004	28.11	12.24	11.74	3.95	8.72	4.07	179.22	34.8	130.86	37.63	6.46
2005	37.2	19.7	14.58	4.38	11.03	5.14	222.39	42.98	155.55	48.3	7.84
2006	40.22	19.53	16.78	4.45	12.96	5.79	240.51	49.91	171.03	53.81	8.86
2007	46.34	21.52	19.41	4.83	14.51	6.46	300.39	57.72	190.12	60.74	10.87
2008	43	19.44	18.09	4.39	13.77	6.34	312.34	53.47	178.64	57.15	10.52
2009	42.48	19.14	16.69	4.36	12.58	6.26	174.3	55.03	170.98	56.15	10.04
2010	51.27	22.92	18.91	4.77	15.45	7.43	237.03	68.53	200.96	66.13	11.61
2011	49.31	23.5	19.75	4.7	17.01	7.53	253.63	74.8	211.61	72.62	12.09
2012	52.48	25.2	19.55	4.86	17.16	8.28	242.61	70.83	211.81	77.43	12.83
2013	53.35	25.12	18.86	4.94	15.9	8.06	218.63	68.42	208.53	72.31	12.86
2014	51.7	25.31	18.04	5.23	14.2	7.95	204.58	66.71	209.32	67.21	12.66
2015	48.69	24.61	18.18	5.34	11.84	7.27	158.23	67.98	208.58	63.73	12.54

资料来源：历年《中国旅游统计年鉴》。

致　　谢

2014 年 9 月，我有幸成为中国旅游研究院博士后工作站独立招收的第一批博士后研究人员，这让我获得了站在更高高度思考旅游产业发展问题和深入旅游产业实践的宝贵机会。在站期间，我多次参与了中国旅游研究院承担的课题研究、规划编制和政策咨询服务工作，积极参加项目申报、课题研讨、专题讲座、学术会议和社会调研，完成了多项研究工作任务。

感谢合作导师唐晓云研究员为我提供了大量的课题研究及社会调研机会，使我能够站在中国旅游产业实践前沿，增强对中国旅游产业实践动态的把握，加深对中国旅游产业实践的专业认知，为我的博士后课题研究奠定坚实的基础。本书是对我博士后研究工作的总结。本书从确定选题、拟定大纲、收集数据、写作初稿直至修改定稿，无不凝聚着唐晓云研究员的大量心血。唐晓云研究员思维敏捷、治学严谨，在做事与治学方面为我树立了楷模。

感谢中国旅游研究院院长、中国旅游研究院博士后工作领导小组组长戴斌教授对我的关心与教诲。戴院长二十余年来一直深耕旅游管理理论及旅游产业实践前沿，理论积淀深厚，学术思想深邃，他的教导对我今后的学术道路产生了深远影响。

感谢李仲广副院长、宋子千研究员、蒋依依研究员和杨宏浩博士等领导在学术研究方面给予的大力帮助，感谢马仪亮博士在课题研究方面提供的便利条件，感谢夏少颜主任、贾媛媛老师、刘鑫老师在博士后日常管理方面提供的高效服务，感谢梁秋萍主任、赵小晴老师、亓春元老师在日常生活方面给予的悉心关照。

三年来，我得到了博士后同事兼好友肖建勇博士在日常生活和学术研究方面给予的关心与帮助。肖博士对旅游管理理论及旅游产业实践具有独到的认识和见解，三年中，我与肖博士进行了无数次深入的交流和讨论，他对学术的孜孜追求激励我不懈地探索旅游管理理论和实践领域的新问题、新现象和新规律。在站工作期间，我还得到了彭建博士、陈刚博士、陈享尔博士、郭娜博士、王丽丽博士、郑维佳博士、苏娜博士、李创新博士和宋慧林博士等各位同事的关心和帮助，戴慧慧老师在数据收集方面也给予了大力支持，在此一并感谢。

中国社会科学院张广瑞研究员、中国旅游研究院戴斌教授、北京第二外国语学院谷慧敏教授、中国旅游研究院唐晓云研究员、中国旅游研究院宋子千研究员组成的博士后出站考核专家组对我的出站报告提出了许多宝贵的修改意见，为本书的撰写出版提供了可能。

本书撰写过程中参考的文献资料已尽可能作了标注，但难免挂一漏万。另外，本书部分观点是我与中国旅游研究院各位研究人员集体讨论、研究的成果，而非本人独创。

本研究得到了中国博士后科学基金（资助编号：2015M571163）的资助。本书是该基金项目的最终研究成果。

王良举

2018年5月1日